KB022335

독자의 1초를 아껴주는 정성!

세상이 아무리 바쁘게 돌아가더라도
책까지 아무렇게나 빨리 만들 수는 없습니다.
인스턴트 식품 같은 책보다는
오래 익힌 술이나 장맛이 밴 책을 만들고 싶습니다.

땀 흘리며 일하는 당신을 위해
한 권 한 권 마음을 다해 만들겠습니다.
마지막 페이지에서 만날 새로운 당신을 위해
더 나은 길을 준비하겠습니다.

독자의 1초를 아껴주는
정성을 만나보십시오.

미리 책을 읽고 따라해 본 2만 베타테스터 여러분과
무따기 체험단, 길벗스쿨 엄마 기획단,
시나공 평가단, 토익 배틀, 대학생 기자단까지!

믿을 수 있는 책을 함께 만들어주신 독자 여러분께 감사드립니다.

㈜도서출판 길벗 www.gilbut.co.kr
길벗스쿨 school.gilbut.co.kr

어쩌다 팀장

어쩌다 팀장

초판 발행 · 2021년 6월 10일

지은이 · 이시다 준
옮긴이 · 나지윤
발행인 · 이종원
발행처 · (주)도서출판 길벗
출판사 등록일 · 1990년 12월 24일
주소 · 서울시 마포구 월드컵로 10길 56(서교동)
대표 전화 · 02)332-0931 | **팩스** · 02)323-0586
홈페이지 · www.gilbut.co.kr | **이메일** · gilbut@gilbut.co.kr

기획 및 책임편집 · 이재인(jlee@gilbut.co.kr) | **영업마케팅** · 정경원, 최명주
웹마케팅 · 김진영, 장세진 | **제작** · 손일순 | **영업관리** · 심선숙 | **독자지원** · 송혜란, 윤정아

구성 및 교정교열 · 김동화 | **디자인 및 전산편집** · 섬세한 곰 김미성 | **CTP 출력 및 인쇄** · 금강인쇄 | **제본** · 금강인쇄

ISBN 979-11-6521-564-4 13320
(길벗도서번호 070444)
가격 15,000원

어쩌다 팀장

갑자기 팀장이 된 당신과
당신의 팀원을 위한
'진짜' 피드백 기술!

이시다 준 지음 | 나지윤 옮김

길벗

팀원의 변화와 성장을 바라는 당신에게

효과적으로 팀원을 성장시킬 순 없을까?

'팀원을 변화시키고 싶다.'

'팀원을 성장시키고 싶다.'

대다수 팀장이 이런 바람을 갖고 있다. 문제는 바란다고 해서 뚝딱 되는 일이 아니라는 것이다.

'내 업무를 처리하는 것만으로도 바빠 팀원에게 신경 쓸

시간이 없다.'

'시간은 있지만 팀원을 어떻게 가르쳐야 할지 모르겠다.'

어쩌면 당신도 이런 고민을 해결하고자 이 책을 집어 들었을 것이다. 이 책에는 팀장이 팀원을 변화시키고 성장시켜야 하는 이유와 방법이 담겨 있다. 지금은 극도의 효율화를 추구하는 시대다. 더 이상 진득하게 여유를 가지고 팀원을 키워나갈 시간이 없다. 속 깊은 대화를 나누며 인간적인 교감을 나누라는 말은 이제 통하지 않는다. 가뜩이나 본인 업무만으로도 정신없이 바쁜 팀장급 리더라면 더더욱 그렇다.

그렇다고 예전처럼 '업무는 선배의 어깨너머로 보고 배워라' 식의 매니지먼트를 할 수도 없는 노릇이다. 세상은 변했다. 요즘 젊은 직원에게 스스로 부딪혀가며 업무를 익히라고 이야기했다가는 아무런 성과도 얻지 못한다. 그게 현실이다. 그렇다면 어떻게 해야 할까.

팀원의 행동에 주목하면 성과가 보인다!

'생산성이 향상된다.'

'팀원이 성과를 내기 수월해진다.'

'팀원의 성장 속도가 빨라진다.'

'덕분에 팀장의 업무 속도도 빨라진다.'

이것이야말로 치열한 비즈니스 현장에서 고군분투하는 당신이 바라는 매니지먼트가 아닐까. 내가 이 책에서 제안하는 '행동과학 매니지먼트'가 지향하는 바가 그것이다.

여기서 잠시 행동과학 매니지먼트를 소개하겠다. 수많은 미국 기업이 '행동 경제학'에 기초한 매니지먼트를 실시해 큰 성과를 올리고 있다. 나는 여기에 인간관계를 중시하고 결과를 수치로 측정하는 요소를 접목해 차별화된 행동과학 매니지먼트를 확립했다. 이런 행동과학 매니지먼트의 특징은 바로 인간의 '행동'에 주목하는 것이다.

팀장의 역할은 팀원이 성과를 내도록 돕는 것

여기서 질문. '팀원을 변화시키고 싶다', '팀원을 성장시키고 싶다'라는 건 대체 무슨 뜻일까. 팀원이 업무 의욕을 활활 불태우게 하는 것? 팀원이 회사에 주인의식을 갖게 하는 것? 팀원이 스스로 일을 배우게 하는 것? 모두 틀렸다.

질문을 바꿔보겠다.

'팀장이 팀원에게 해야 할 일은 무엇일까?'

그건 팀원의 의욕이나 마인드, 자세를 바꾸는 것과는 아무런 상관이 없다.

'팀원이 성과를 내도록 만든다.'

그렇다. 이게 전부다. 팀원을 변화시키고 성장시켜야 하는 이유는 무엇인가. 바로 성과를 내도록 만들기 위해서다.

'평소 의욕이 넘치지만 결과물은 영 신통치 않다.'
'적극적으로 업무에 임하지만 성과는 제자리걸음이다.'
'진지한 태도로 일을 배우지만 업무 속도가 여전히 지지부진하다.'

이런 상황이 지속된다면 팀장의 역할에 문제가 있다는 이야기다.

팀원의 행동을 바꾸는 '일대일 대화'의 힘!

그렇다면 팀원이 성과를 내기 위해 필요한 것은 무엇인가. 바로 '행동의 축적'이다.

성과로 이어지는 행동을 찾아낸다. → 그 행동을 꾸준히 반복한다. → 저절로 성과가 쌓인다.

이것이 행동을 축적하는 기본 골격이다. 어떤가. 참으로 간단하지 않은가.

거듭 말하지만, 제아무리 팀원의 태도와 마음을 바꾸더라도 결국 행동으로 이어지지 않는다면 의미가 없다. 나는 지금 팀원을 변화시키고 성장시키는 데 있어 상대의 '내면'을 파고들 필요가 없다는 말을 하는 것이다. 생각해보라. 누군가의 내면을 바꾸는 게 말처럼 쉬운 일인가. 당신은 심리 전문가가 아니다.

하지만 걱정하지 말자. 그럴 필요가 없으니까. '행동'만 바꾸면 된다. 내가 제안하는 '일대일 대화'는 팀원의 행동에 초점을 맞춘 매니지먼트 기술이다. 실제로 일대일 대화를 도입한 기업들은 시간을 절약하고, 팀원의 성과가 향상되는 등의 효과를 입증했다.

특별한 지식이나 기술이 없어도 가능한 '일대일 대화'

제1장에서는 현재 비즈니스 현장에서 발생하는 팀장과 팀원 간의 문제점들을 짚어본다. 효율화 추구와 인재 부족으로 팀장 본인도 성과 압박을 받는 작금의 상황에서 팀장들이 직면한 문제를 살펴본다.

제2장에서는 팀원의 성과를 올리는 데 팀장이 알아두어야 할 '인간의 행동 원리'를 소개한다. 이는 행동과학 매니지먼트를 실천하기에 앞서 반드시 익혀야 할 지식이다. 이 책의 핵심 내용인 일대일 대화의 기본 개념이기도 하므로 반드시 기억해두기 바란다.

제3장에서는 팀장과 팀원 간 소통 방식을 행동과학적 관점에서 살펴본다. 팀원이 팀장에게 바라는 점, 팀원과 소통할 때 유의할 점 등 팀장이 알아두어야 할 접근 방식을 정리했다.

제4장에서는 수많은 회사에서 하루에도 몇 차례씩 진행하는 회의가 결국 '시간 도둑'으로 전락하는 이유를 알아본다. 확실한 목표가 없는 회의는 참가자 모두에게 극도의 괴로움만 안겨줄 뿐이다. 잘 풀리는 회의와 그렇지 않은 회의의 차이를 소개한다.

제5장에서는 일대일 대화의 효과를, 마지막으로 제6장에서는 '최강 · 초고속 매니지먼트 기술'이라고 자부하는 일대일

대화의 구체적 방법을 전수한다.

일대일 대화는 특별한 지식이나 기술이 필요하지 않다. 비용이 들지도, 방법이 어렵지도 않다. 업종이나 규모와 관계없이 어떤 조직이라도 당장 시작할 수 있다. 당신도 꼭 실천해보기 바란다.

이시다 준

차례

프롤로그
팀원의 변화와 성장을 바라는 당신에게 5

제1장 당신이 쓸데없는 회의를 반복하는 이유

업무 효율화를 위해 쓸데없는 회의를 줄여라 19
회의를 줄이면 야근, 특근이 사라진다 23
기존 방식의 파괴를 두려워하지 말라 28
성과로 이어지지 않는 회의는 무의미하다 33
실무자 겸 관리자의 딜레마 38
팀원의 성과도 챙기고 근로 시간은 줄이는 방법 44

제2장

행동을 바꾸면 성과가 오른다

성과를 만드는 핀포인트 행동을 찾아라 49
모두를 만족시키는 일대일 대화 51
급작스러운 퇴사 증가는 기업의 적신호 54
구체적이고 명확하며 측정 가능하게 지시하라 57
칭찬은 인간을 행동하게 한다 61
스스로 움직이게 만드는 방법 65
일을 '가르친다'는 것은 69
기술을 가르치는 것은 행동을 가르치는 것 72
일 잘하는 직원의 행동을 분석하라 76
팀원의 성과 관리는 팀장의 업무 80

제3장

마음을 움직이는 소통

소통의 목적은 신뢰 형성과 동기부여 조건 파악 87

사람마다 각양각색인 동기부여 조건 92
다양한 동기부여 조건을 만족하는 토털 리워드 97
칭찬은 돈보다 강력한 보상이다 104
인기보다 신뢰를 얻어라 110

제4장 대화에도 규칙이 있다

'결과 도출'과 '퇴사 방지'를 모두 완수하려면 119
대화의 목적을 잊지 말라 122
장시간 면담이 효과 없는 네 가지 이유 125
올바른 대화에는 명확한 기준과 성과, 결론이 있다 132
성과를 내기 위해 팀장이 해야 할 일 139

제5장 짧지만 강력한 일대일 대화의 효과

인지 왜곡이 만연한 조직 145

모두에게 부담 없는 일대일 대화 149
행동과 가치관을 파악할 수 있는 일대일 대화 152
신뢰가 쌓이는 일대일 대화 157

제6장 모두가 성장하는 일대일 대화

Step ① 일대일 대화를 습관으로 만들어라 163
Step ② 매일 1분을 목표로 삼아라 167
Step ③ 장소는 어디든 상관없다 170
Step ④ 상대의 이름을 부르고 눈을 맞춰라 173
Step ⑤ 오늘 업무에 초점을 맞춰라 177
일대일 대화에서 이것만은 금지 180
일대일 대화는 팀장도 성장하게 한다 184

에필로그
이제 첫발을 내딛으려는 당신에게 189

제1장

당신이 쓸데없는 회의를 반복하는 이유

직원들의 발목을 잡는 악습을 과감히 정리할 당사자는 누구일까. 바로 팀장과 같은 중간 관리자다. 기업이 나아가야 할 방향을 제시하는 의사결정권자는 최고 경영자다. 하지만 새로운 아이디어를 시도하고 전 직원에게 침투시키는 역할은 현장의 수장인 중간 관리자가 맡아야 한다.

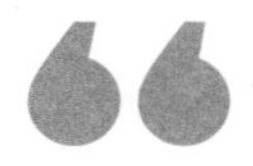

업무 효율화를 위해 쓸데없는 회의를 줄여라

갈수록 중요해지는 업무 효율화

'우리 팀은 업무 생산성이 형편없이 낮다.'

'매일매일 의미 없는 회의의 연속…… 진절머리 난다.'

직장인 중에 이런 생각을 단 한 번도 하지 않은 사람이 있을까. 새로운 근로기준법이 제정됨에 따라 주당 법정 근로 시간이 줄었다. 이게 무슨 뜻일까. 야근, 잔업 등 지금까지 당연하게 생각했던 노동 방식이 법적 규제를 받는다는 의미다.

이제 기업은 한정된 시간 안에 성과를 올려야 한다. 업무 효율화는 생산성 향상을 추구하는 기업의 지상 과제가 되었다. 앞으로 시간만 잡아먹고 성과를 내지 못하는 일은 가차 없이 폐기 처분될 것이다. 그런 일은 조직의 성장을 가로막는 걸림돌과 다름없기 때문이다.

쓸데없는 회의는 생산성 저하의 주범

그런데도 여전히 많은 기업이 생산성 저하로 골머리를 앓고 있다. 그 주범으로 지목되는 것이 바로 '쓸데없는 회의'다.

다음은 모 기업의 영업팀에서 정기적으로 진행하는 회의 목록이다.

- **업무 개시 직후 조례(매일)**
- **영업 회의(월 1회)**
- **팀 회의(주 1회)**
- **팀장 회의(주 1회)**
- **업무 종료 직전 종례(매일)**

이게 끝이 아니다. 팀장급으로 올라가면 임원급이 참석하는 온갖 경영 회의와 기획 회의가 더해진다. 심지어 생산성을 높인다는 이유로 '생산성 향상 회의'가 열리기도 한다. 이들 중 기업의 성장에 도움이 되는 회의는 과연 몇 개나 될까. 단언컨대 대다수는 시간 낭비에 불과할 것이다.

목적 없는 회의는 시간 낭비

한 제조 회사에서는 한 달에 한 번 영업 회의가 열린다. 전국의 영업소 소장들이 본사에 모여 각자 영업 성과를 보고하고 문제점을 발표하는 자리다. 회의에 소요되는 시간은 2~3시간 남짓. 하지만 원거리 지역의 소장에게는 1박 2일 출장이 된다. 회의가 끝나도 곧바로 업무에 복귀하기 어렵다는 이야기다.

교통비, 숙박비 등 출장에 충당되는 비용도 비용이지만, 회의에 출석하기 위해 업무 일정을 조정하는 일도 간단치 않다. 소장의 일정이 바뀌면 아래 직원들의 일정도 줄줄이 조정 작업을 거쳐야 한다.

단지 숫자를 보고하기 위한 2~3시간 회의를 위해 이틀이란 시간을 할애하는 것이 뭔가 이상하지 않은가. 이것이야말로 심각한 시간 낭비이자 인력 낭비다. 숫자를 보고하기 위한 회의라면 이메일로도 충분하다. 굳이 다수가 시간과 비용을 들여 모일 필요가 없다. 서로 이메일로 영업 성과를 공유하고 코멘트를 덧붙이는 형식을 취하면 그만이다. '효율적인 회의 노하우'라고 이름 붙이기도 민망할 지경이다. 조금만 머리를 굴리면 누구나 생각해낼 만큼 간단하다.

혹시 회의에 참석하면서 '대체 왜 내가 이 자리에 앉아 있어야 하는지 모르겠다'라고 생각해본 적 없는가. 회의를 소집하는 쪽에 문의하면 보통 이런 답이 돌아온다.

"B는 부르고 C는 안 부르면 형평성에 문제가 생기니까요. 저희로서는 참가자 균형을 어느 정도 맞춰야 할 필요가 있습니다."

업무 효율화, 생산성 향상, 노동 시간 단축이 기업의 과제가 된 요즘에도 이런 일이 다반사로 벌어진다.

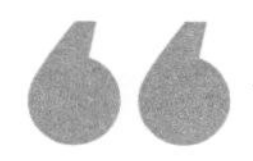

회의를 줄이면 야근, 특근이 사라진다

성과 없는 회의가 계속되는 이유

'회의를 해도 결론을 내지 못하고 시간만 허비한다.'

'가뜩이나 할 일이 태산인데 회의 때문에 일을 못한다.'

현장에서 심심치 않게 터져 나오는 불만이다. 회의는 대체 왜 길어지는 걸까. 간단하다. 목표도, 시간도 설정하지 않았기 때문이다. 무엇을 결정할지, 언제 끝내야 할지 모르니 지지부진하게 이어진다.

"이 사안에 대해 다른 의견은 없습니까?"

어색한 침묵.

"정말 없습니까?"

여전히 침묵. 보다 못한 팀장이 모든 팀원에게 발언을 강요한다. 구색을 갖추기 위해 팀원들이 할 말을 쥐어짜는 동안 시간은 속절없이 흐른다. 이것만큼 완벽한 시간 낭비가 있을까. 만일 그 시간에 다른 업무에 전념했다면 회의 참가자들의 당일 업무는 일찌감치 끝났을지도 모른다.

회의 목표를 명확하게 설정하라

"매출 증가를 위해 아이디어를 내주십시오."
"지금 당장 해야 할 일이 무엇이라고 생각하십니까?"

이처럼 회의를 '아이디어 구상의 장'으로 만드는 경우도 있다. 죽이 되든 밥이 되든 일단은 그럴듯한 아이디어를 내놓아야 하니 시간이 늘어지는 건 당연하다.

혹은 팀장이 구구절절 자기 이야기만 늘어놓는 상황도 적지 않다. 팀장이 침을 튀겨가며 열변을 토하는 동안 팀원들은 말없이 허공만 응시한다. 고문과도 같은 이 시간이 어서 끝나기를 바라면서.

회의 참가자 전원이 적극적으로 의견을 개진하며 회의가 활기차게 진행되는 듯 보이지만, 결과적으로 아무것도 결정되지 않는 경우도 있다. 누군가 새로운 아이디어를 제안했다고 가정하자.

"그거 괜찮은데요?"
"이런 식으로 해보면 어떨까요?"
"이런 것도 나쁘지 않겠네요."

모두가 의견을 내며 대화가 이어지지만, 구체적으로 누가 무엇을 할지, 역할을 어떻게 분담하고 언제까지 끝마칠지 등을 결정하지 못한 채 흐지부지 회의가 끝난다. 이 또한 처음부터 목표를 확실하게 설정하지 않은 탓이다. 중구난방으로 말들이 오갈 뿐, 의견이 구체적으로 모이지 않는 대화는 회식 자리에나 어울린다. 1분 1초가 귀중한 업무 시간을 이렇게 허비해서야 되겠는가.

참가하는 데 의의가 있는 회의는 과감히 정리하라

놀랍게도 시간만 잡아먹는 이런 회의는 일상화되어 있다. 서두에 언급한 사례처럼 '자신이 참석해야 하는 회의'가 몇 개나 되는지 세어보기 바란다. 다섯 개 이상인 경우도 적지 않으리라. 많은 직장인이 "회의에 참석하다보면 일주일이 금방 가버린다" 식의 한탄을 늘어놓곤 한다.

한 벤처 홍보 회사에 다니는 A의 주 업무는 홍보용 광고 문구 작성과 웹사이트 디자인 관리다. 그런데 어쩌다 보니 그 역시 지나치게 많은 회의의 희생자가 되고 말았다. 자신의 업무와는 무관한 아이디어 회의, 매출 보고 회의, 현장의 책임자가 모여 문제점을 파악하는 업무 개선 회의 등 무수한 회의가 그의 출석을 요구했다.

'차후 기획에 참고가 되므로.'

'좋은 의견이 있다면 반영하고 싶어서.'

'자리를 골고루 안배하기 위해.'

……

자신의 업무와 아무 관계도 없는 회의에 일일이 참석하다 보니 시간 여유가 점점 없어졌다. 그 결과, 당장 착수해야 하는 업무가 차일피일 미뤄지는 사태가 발생했다. 그야말로 주객전도가 일어난 셈이다. 물론 꼭 필요한 회의도 있다. 문제는 '참가하는 데 의의가 있는 회의'가 너무도 많다는 것이다. 이런 회의는 과감히 정리해야 한다.

쓸데없는 회의에 시간을 빼앗긴 A는 어떻게 될까. 야근이나 철야, 휴일 근무를 불사하며 업무에 매달려야 한다. 정작 해야 할 일을 업무 시간 내에 끝내지 못했으니 말이다.

당신이 참석하는 회의들이 성과에 얼마나 도움이 되는지 냉정하게 자문해보자. 혹시 습관적으로 해온 건 아닌지 말이다. 세상은 변했다. 노동 환경이 달라졌고, 젊은 세대의 노동 인식도 변했다. 이제는 시대 변화에 발맞춰 기업 문화도 달라져야 한다.

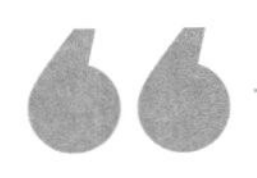

기존 방식의 파괴를 두려워하지 말라

새로운 변화에 대응할 수 있는 용기

팀장이나 매니저 같은 관리자를 비롯해 경영자도 쓸데없는 회의 때문에 다른 업무가 원활하게 진행되지 않는다는 사실을 알고 있다. 근로 시간이 줄어들고 노동 인구가 격감하는 시대에 기존 방식을 고수했다가는 생산성에 악영향을 미치리라는 사실도 말이다. 요즘 내가 개최하는 관리자 및 경영자 대상 강연에서 '회의의 개념을 다시 생각해야 한다'는 의견이 많아진 것도 이러한 위기감의 반증이리라.

그런데도 여전히 회의에 대한 개혁에 발 빠르게 대응하는 기업은 소수에 불과하다. 게다가 '우리 방식은 아무 문제없다'는 마인드를 가진 기업도 있다. 회의 문화가 좀처럼 개선되지 않는 이유는 무엇일까.

'지금껏 그렇게 해왔으니까.'

이게 전부다. 믿기 힘들겠지만 사실이다. 특히 대기업일수록, 역사와 전통을 자랑하는 기업일수록 지금까지 시행해온 방식을 유지하려는 경향이 강하다. 대대로 계승해온 전통을 바꾸는 건 바람직하지 않다'는 관료적 사고방식은 여러 사회 분야에 만연해 있다. 대부분의 사람이 지금까지 고수해온 방식을 파괴하는 장본인이 되고 싶어 하지 않는다.

악습은 계승할 필요가 없다

문제는 쓸데없는 회의가 기업 문화로 뿌리내려 하위 조직으로 무한 반복된다는 사실이다. 앞서 언급한 제조 회사의 영업 회의를 예로 들어보자.

전국의 영업소 소장들이 본사에 모여 영업 성과를 보고한 뒤 임원진에게 "영업 성과를 올리는 데 더욱 노력하도록"이라는 추상적인 지시를 받았다고 하자. 각 영업소 소장들은 지점으로 돌아가 간부 회의를 소집한 뒤 "영업 성과를 올리는 데 더욱 노력하도록"이라고 지시한다. 그러면 간부들은 현장에서 뛰는 영업 사원들을 모아놓고 "영업 성과를……" 하고 앵무새처럼 같은 말을 반복한다. 그야말로 시간 낭비의 무한 반복이다.

누차 말하지만 세상은 변했다. 시간 낭비에 불과한 악습은 젊은 직원들의 반발을 초래할 것이다. 가뜩이나 인재 부족으로 위기에 직면한 요즘, 젊은 인재가 떠나지 않고 오랫동안 일할 만한 업무 환경을 조성하는 것에 기업의 미래가 달려 있다.

적응하지 못하는 사람이 '꼰대'가 된다

'예전에는 아무 문제없던 방식이 이제는 더 이상 통하지 않는다'라는 사례가 비즈니스 업계에서 속출하고 있다. 대표적인 게 영업 방식이다. 40~60대 영업 사원이라면 "영업을 잘하려면 경험과 감, 배짱이 중요하다"라는 말을 익히 들어봤으리라.

'치밀한 논리보다 경험이 먼저다. 일단 과감하게 부딪혀 보라.'
'이거다! 싶은 순간엔 자신의 감을 믿어라.'
'신입은 선배의 어깨너머로 일을 배워야 한다.'
'일은 스스로 익혀 내 것으로 만들어야 한다.'

기성세대가 회사에 갓 입사한 시절에는 이런 말들이 당연했다. 하지만 요즘 세대에게 이런 말을 했다간 말 그대로 '꼰대' 취급을 받는다.

환경이 변하면 업무 방식도 달라져야 한다

경제 호황기에는 자사 제품을 구매하는 고객이 얼마든지 존재했다. 그런 시대에는 '결과에 연연하지 말고 과감하게 부딪혀보라'라는 말이 자연스러웠다. 실패하더라도 그 속에서 교훈을 얻어 다음에 다시 도전하면 된다는 여유가 있었으니까.

지금은 어떤가. 기업은 초과 근무가 법으로 규제된 시대에 적응하면서 업무 효율화를 꾀해 성과를 올려야 한다. 설상가상으로 인구는 급격히 줄고 있다. 이것은 무엇을 뜻하는가. 인재를 고용하기가 어려워지고, 고객 수가 감소해 시장이 위축

된다는 이야기다. 이런 상황에서 경험과 감, 배짱을 운운하는 건 시대에 뒤떨어져도 한참 뒤떨어진 소리다.

회의도 예외가 아니다.

'회의는 참가하는 데 의의가 있다.'

'다른 업무는 회의가 끝난 뒤에 하라.'

'업무 시간 내에 일을 끝내지 못했다면 야근을 하면 된다.'

이런 말이 통하는 시대는 지났다. "우리 회사는 시기상조야"라고 변명해봤자 소용없다. 세상이 변했는데 방식이 변하지 않으면 어쩌자는 것인가. 지금까지 고수해온 방식이 더 이상 적합하지 않다는 사실을 인정해야 한다. 기존 방식을 뿌리째 뒤바꾸지 않으면 격변하는 시대에서 살아남을 수 없다.

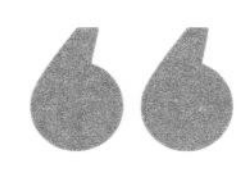

성과로 이어지지 않는 회의는 무의미하다

결과는 행동으로 나타나야 한다

기업은 매니지먼트를 위해 사내 연수, 세미나, 스터디 모임 등을 종종 개최한다. 이 또한 회의와 마찬가지로 재고가 필요하다. 이유는 간단하다. 성과를 올리는 행동으로 이어지지 않기 때문이다.

'의욕이 생긴다.'
'주인의식을 갖는다.'

'업무 능력이 향상된다.'

'발표력이 좋아진다.'

차후에 자세히 설명하겠지만, 이런 건 '행동'이라고 말할 수 없다. 아무리 의욕이 생기고, 주인의식을 갖게 되고, 업무가 능숙해지고, 발표를 잘하게 된다 해도 눈에 보이는 행동으로 나타나지 않는다면 무의미하다는 이야기다.

지금이야말로 악습을 멈출 때

기업에서 개최하는 연수나 세미나에 참석해보면 직원의 내면에 호소하는 일이 많다. 특히 유명 작가나 전문 강사, 타 업계 프로들을 초청한 강연에서 그런 경향이 두드러진다. 안타깝지만 지금은 직원의 내면에 차근차근 씨앗을 심고 그것을 정성스레 키워 싹이 나기를 기다리는 시대가 아니다. 그럴 시간이 없다. '지금까지 늘 그렇게 해왔고, 청중의 반응도 좋았다'라는 이유로 더 이상 불필요한 시간 낭비를 하지 않길 바란다.

- **회의(미팅)**
- **영업 방식**
- **사내 연수·세미나**

이 세 가지 공통점이 무엇이라고 생각하는가. 바로 '과거부터 현재까지 무의미하게 되풀이된 악습'이라는 것이다. 노동 방식이 개혁되고 인구 절벽을 눈앞에 둔 상황에서, 지금 당장 나쁜 습관을 멈추지 않으면 기업은 도태된다. 바꿔 말하면 지금이야말로 과거의 악습과 결별할 절호의 찬스인 셈이다.

경영과 현장을 잇는 중간 관리자

그렇다면 직원들의 발목을 잡는 악습을 과감히 정리할 당사자는 누구일까. 바로 팀장과 같은 중간 관리자다. 기업이 나아가야 할 방향을 제시하는 의사결정권자는 최고 경영자다. 하지만 새로운 아이디어를 시도하고 전 직원에게 침투시키는 역할은 현장의 수장인 중간 관리자가 맡아야 한다.

경영자가 미래지향적인 비전을 내걸고 뛰어난 기획을 구

상했다 해도, 비전과 기획이 사내에 스며들어 행동으로 구현되지 않으면 아무 소용이 없다. 경영자가 내세우는 슬로건을 현장의 언어로 해석해 업무에 반영하는 일은 경험과 능력이 축적된 중간 관리자만이 할 수 있다.

'모난 돌이 정 맞는다.'

지금까지 기업에 팽배해온 문화를 이 속담만큼 정확히 표현한 게 있을까.

'안 하던 방법을 시도해 괜히 튀어봤자 나만 손해다.'
'쓸데없이 일 키우지 말고 내려오는 지시만 잘 따르자.'
'회의에서 주목받지 말고 있는 듯 없는 듯 묻어가자.'
……

많은 조직 구성원이 이런 사고방식을 가지고 있다. 그런데 이런 사고방식이 자신의 역할과 충돌하는 자리가 있다. 바로 현장의 리더인 중간 관리자다. 경영진은 아무래도 현장에서 발생하는 일에는 어둡기 마련이다. 그러므로 잔업, 생산성 저하 등의 문제가 발생했을 때 "대체 팀장은 이 지경이 되도록 뭘 했는가!"라는 질책이 상부에서 터져 나온다.

반면, 팀원에게 경영진은 너무나 먼 존재다. 평소 함께 일하는 팀장이야말로 그들에겐 회사의 상징과도 같다. 팀장이 어떤 마음으로 팀원을 지도하고 어떤 지시를 내리며 어떤 발언을 하는가. 이것이 팀원에게는 자신이 다니는 회사의 문화 그 자체다.

중간 관리직은 양쪽의 기대에 부응해야 한다는 중압감을 받는다. 그들이 받는 스트레스는 상상 이상이다. 그렇기에 더더욱 쓸데없는 낭비를 없애고, 위아래서 터져 나오는 불만을 잠재우도록 대비해야 한다.

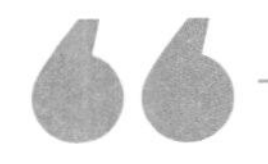

실무자 겸 관리자의 딜레마

팀장은 실무자인가, 관리자인가

미안하지만 이제부터 더 가혹한 말을 하려 한다. 팀장의 역할에 대한 이야기다. 그들은 자기 성과를 올리기 위해 현장에서 뛰는 동시에 팀원 관리도 해야 한다. 요컨대 실무자와 관리자의 역할을 겸한 셈이다. 이들이야말로 조직에서 중추적인 역할을 담당한다고 할 수 있다.

경제도 호황이고 새로운 인재를 마음껏 구하던 시대에는

팀장에게 두 가지 선택지가 있었다. 계속 실무자로서 열심히 일할 것인가. 혹은 일선에서 물러나 팀원들을 관리할 것인가. 그러나 이젠 그럴 여유가 없다. 회사는 팀장이 팀원을 제대로 관리하면서 성과도 올리기를 바란다.

예전에는 뛰어난 성과를 올린 직원이 어느 정도 연차가 쌓이면 관리직이 되는 게 관행이었다. 유능한 영업 사원, 히트작을 기획한 제작자 등 성과에 공헌한 사람이 매니저로 승격되고, 화려한 성적을 기록한 야구 선수가 은퇴 후 감독으로 부임하는 식으로 말이다. 그러나 명선수가 반드시 명감독이 되지는 않는 법. 눈부신 성과를 올린 사람이 반드시 팀원을 가르치는 데도 뛰어난 능력을 보이는 건 아니다. 반대로 관리자로서 출중한 역량을 발휘하는 사람이 실무자로서도 뛰어나다고 단언할 수 없다.

실무자와 관리자의 업무는 완전히 다르다. 그런데도 요즘 팀장은 팀원을 육성하면서 성과도 올려야 하는 두 가지 역할을 수행해야 하는 처지다.

이제 맨땅에 헤딩은 없다

성과가 좋은 팀장은 기본적으로 인재 관리보다 본인의 성과를 내는 데 집중하는 경향이 있다.

'고객을 만나고 싶다.'
'현장에 나가고 싶다.'
'시장조사를 하고 싶다.'
'기획서를 작성하고 싶다.'

이처럼 본인의 업무에 전념해 결과를 내고 싶어 한다. 그런데 팀장이 되면, 자신의 업무와 무관하게 꾸역꾸역 참가해야 하는 회의가 많아진다. 이들에게 불필요한 회의는 시간 낭비, 체력 소모는 물론, 극심한 스트레스 요인으로 작용한다.

스트레스 요인은 회의만이 아니다. 요즘 젊은 직원들은 선배가 하나하나 가르쳐주기를 바란다. 모 회사 영업팀에 "요즘 젊은 직원들은 툭하면 사표를 쓴다"라며 하소연하는 팀장이 있었다. 실제로 그 회사에 다니는 직원에게 이유를 물어보았더니, "선배들은 아무것도 가르쳐주지 않고 알아서 일하라는 식이다"라는 볼멘소리가 돌아왔다.

지금의 팀장들은 선배의 어깨너머로 일을 배운 세대다. 그야말로 맨땅에 헤딩하듯 무수한 시행착오를 거쳐 업무를 익혔다. 그랬던 그들이 팀장의 위치에 오르자 팀원들에게 자신이 교육받은 방식을 그대로 강요하고 있다. 팀원 입장에서 보면 억지도 그런 억지가 없다.

직원 중 적지 않은 수가 이런 이유로 심각하게 퇴사를 고민한다. 결국 영업팀은 팀장과 팀원들의 갈등이 반복되면서 새로운 인재가 들어오지 않게 된다.

인재 확보 실패는 곧 팀장의 손해

인재를 확보하지 못한 팀장이 선택하는 길은 하나다. 인재가 부족해서 생긴 구멍을 본인 스스로 메우고자 성과에 올인하는 것이다. 팀 내 업무의 90%를 팀장이 수행하고, 나머지 10%는 5명의 팀원이 분담하는 사례도 있다. 게다가 쓸데없는 회의에 참석해야 하니 시간은 점점 더 부족해진다.

고객을 만나지 못한다, 현장에 나가지 못한다. → 그렇다면 어떻게 해야 할까? → 시간을 쥐어짜낼 수밖에 없다. → 어떻게? → 야근, 휴일 근무 등으로

그렇다. 결국 장시간 근무밖에는 답이 없다. 가뜩이나 잔업을 금기시하는 시대에 이를 역행하는 근무 방식을 택하게 되는 것이다. 이러한 근무 방식은 당연히 사내에 악영향을 끼

친다.

“팀장인 내가 이렇게 죽기 살기로 일하는데 팀원들은 왜 이렇게 물러터진 거야?”

일하는 법을 제대로 알려주지 않고 일을 떠맡은 건 본인이기에 팀장이 팀원들에게 구구절절 억울함을 토로한다 해도 호소가 제대로 전달되지 않는다. 팀장이 야근하는 모습을 보고 정시에 당당하게 퇴근할 팀원이 얼마나 될까. 결국 딱히 할 일도 없으면서 어영부영 시간만 보낸다. ‘내가 일하는 모습을 똑똑히 보라고! 일은 이렇게 하는 거야!’라며 말 없는 시위를 하는 팀장, ‘일은 선배의 어깨너머로 보고 배운다’라는 매니지먼트는 진작에 폐기 처분됐다. 예전 인식에 머물러 있어 봤자 본인만 손해다.

팀장의 태도가 회사 이미지를 결정한다

앞서 팀원에게 직속 팀장이야말로 회사의 상징이라고 이야기했다.

'나만 잘하면 그만이다(그래서 다른 직원에게 일을 가르쳐주지 않는다).'
'잔업은 당연하다.'
'이게 전통이다. 지금까지 해온 대로 하는 게 뭐가 나쁜가.'

이런 팀장을 곁에 둔 팀원들은 팀장, 팀, 더 나아가 자신이 몸담은 회사 전체에 대해 어떤 이미지를 갖게 될까. 시대착오적인 교육 방식이 단순히 팀장의 문제로 끝나지 않는다는 말이다.

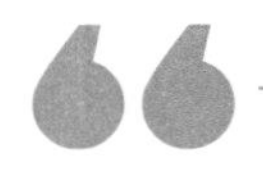

팀원의 성과도 챙기고 근로 시간은 줄이는 방법

한정된 시간에 성과를 내는 '행동'

쓸데없는 회의가 끝없이 이어져도 뚜렷한 성과를 낸다면 할 말은 없다. 나는 회의의 존재 자체를 부정하는 게 아니다.

현재 기업 앞에 던져진 명제는 두 가지다. '성과 도출'과 '장시간 노동 개선'. 전자는 이익 추구가 목적인 기업이 당연히 가져야 할 목표다. 후자는 정부가 기업에 부과한 과제다. 지금까지는 남들보다 열심히 더 오래 일하면 그만큼 성과가 나왔다. 장시간 노동이 미덕으로까지 여겨지던 시절도 있었다. 하지만 이제는 아니다. 달라진 시대에 새로운 기업 문화를 이끌어가야 할 막중한 임무가 팀장들에게 주어졌다.

그럼 어떻게 해야 할까. 분명한 대책 없이 '오늘부터 정시 퇴근!'이라고 외친들 팀원들에겐 공허한 메아리로 들릴 뿐이다. 무엇부터 시작해야 한정된 시간에 성과를 낼 수 있을까. 성과를 내려면 성과로 직결되는 행동을 취해야 한다. 그렇다. 핵심은 바로 '행동'이다. 팀원이 성과를 내는 행동을 취하게 하면 된다. 제2장에서 자세히 알아보자.

1분 요약!

① 한 달간 참여하는 회의를 종이에 적는다.

② 각각의 소요 시간을 적는다.

③ 성과로 이어지지 않는 회의, 참여하지 않아도 되는 회의를 체크한다.

④ 성과로 이어지지 않는 회의는 불참 의사를 밝힌다.

⑤ 참여하지 않아도 되는 회의는 과감히 빠진다.

행동을 바꾸면 성과가 오른다

하위 80%를 일 잘하는 직원으로 성장시키려면 어떻게 해야 할까. 상위 20%의 핀포인트 행동을 본받게 하면 된다. 거듭 강조하지만, 유능한 직원의 핀포인트 행동을 파악하고 분해해 다른 직원에게 적용하는 것, 이것이 팀장의 주요 임무다.

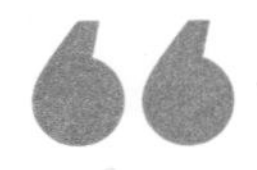

성과를 만드는 핀포인트 행동을 찾아라

성과를 만드는 핀포인트 행동

제2장에서는 효율적으로 시간을 사용하기 위해 알아두어야 할 점을 소개한다. 추후에 설명할 일대일 대화를 습관화하는 데 기본 전제가 되는 내용이므로 반드시 기억해두기 바란다. 전제는 '인간의 행동 원리'다.

행동과학 매니지먼트에서는 비즈니스에서 성과(성과 향상)로 직결되는 행동을 '핀포인트(Pin point) 행동'이라고 부른다. 팀원이 핀포인트 행동을 취하도록 만들어 성과를 내게 하는 것, 이것이 팀장의 주된 임무다.

유능한 인재의 행동을 관찰하라

그렇다면 핀포인트 행동이란 구체적으로 어떤 행동을 뜻할까. 이는 업종, 직위 등에 따라 천차만별이다. 실망할 필요는 없다. 핀포인트 행동을 발견하는 공식이 있으니 말이다. 우선, 사내에서 뛰어난 성과를 내는 유능한 인재를 찾는다. 그런 다음 그가 취하는 행동을 면밀히 관찰해 어떤 행동이 성과로 이어지는지 유추해내면 된다.

어느 회사 영업팀에서 우수한 성과를 내는 영업 사원의 행동을 관찰했다고 가정하자. 그 결과, 다른 영업 사원과 달리 '고객을 방문했을 때, 2주 이내에 다음 약속을 잡는다'는 행동을 취한다는 사실을 알아냈다. 이를 다른 팀원들에게 적용했더니 영업 실적이 올라갔다면? 이는 핀포인트 행동이라고 할 수 있다.

거듭 말하지만, 팀장의 가장 중요한 역할은 팀원이 성과를 거두도록 만드는 것이다. 그러므로 당신이 팀장이라면 평소 유능한 팀원을 관찰해 핀포인트 행동을 파악해둘 필요가 있다.

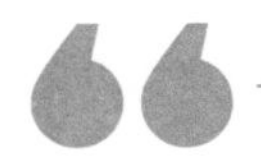

모두를 만족시키는 일대일 대화

하위 80%의 능력 향상을 위한 일대일 대화

'2·8의 법칙' 또는 '2·6·2의 법칙'에 대해 들어본 적 있는가. 풀이하면, 조직은 20% 유능한 직원과 60% 평범한 직원, 20% 무능한 직원으로 구성된다는 의미다. 행동과학 매니지먼트가 지향하는 비즈니스 매니지먼트는 하위 80% 직원이 안정적으로 성과를 올리는 데 중점을 둔다.

인재가 부족한 요즘, 유능한 직원들로 구성원을 채우기는 불가능에 가깝다. 지금은 업무 능력치와 무관하게 직원 한 명한 명이 아쉬운 상황이다. "일 못하는 직원은 회사를 떠나도 상관없다"라고 큰소리칠 처지가 아니라는 이야기다. 절대적 노동 인구가 줄어드는 추세다. 지금 있는 직원을 소중히 여기며 성과를 올리도록 만드는 일이야말로 기업의 존속을 좌우한다고 해도 과언이 아니다.

일대일 대화를 시행해야 하는 이유도 여기에 있다. 단순히 낭비되는 시간을 줄이기 위해서가 아니다. 젊은 직원을 회사에 붙잡아두면서 그들의 능력을 최대한 끌어내는 것이야말로 일대일 대화의 최종 목표다.

상위 20%의 시간을 아껴주는 일대일 대화

상위 20% 직원은 매니지먼트를 고민할 필요가 없다. 목표만 전달하면 알아서 성과를 내기 때문이다. 그들은 팀장의 매니지먼트를 그다지 반기지 않는 편이다.

A팀장: B씨가 고객에게 신뢰받는 이유가 뭐라고 생각합니까?

B팀원: 전 평소대로 행동할 뿐인데요.

유능한 인재는 타고난 천재형이 많아 무의식중에 핀포인트 행동을 취한다. 그러므로 자신의 행동을 말로 설명하는 데 익숙지 않다. 이들은 일머리가 좋아 스스로 알아서 움직이니 굳이 이래라저래라 할 필요가 없다. 팀장은 평소 그들의 행동을 관찰해 핀포인트 행동을 찾아내는 데 집중하면 된다.

한 가지 주의할 게 있다. 일을 잘하는 사람일수록 자신의 시간을 허투루 쓰는 걸 좋아하지 않는다. 불필요한 간섭이나 시간 낭비는 딱 질색이다. 이들을 쓸데없는 회의에 줄줄이 참석시킨다면 당장 회사를 그만둘지도 모른다. 그러므로 일대일 대화는 상위 20% 인재를 놓치지 않기 위해서라도 반드시 필요한 기술이다.

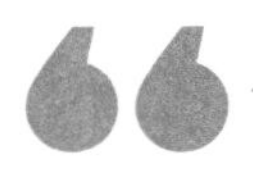

급작스러운 퇴사 증가는 기업의 적신호

젊은 직원의 급작스러운 퇴사 증가

젊은 직원이 회사를 그만두는 비율이 높아지고 있다. 일본 후생노동성이 2018년에 실시한 한 조사에서 2015년 신규 대졸 취직자 중 32%가 지금까지 3년 이내에 회사를 그만둔 적이 있다고 대답했다.

요즘 2030세대의 높은 퇴사율 때문에 상담을 의뢰하는 기업이 부쩍 늘었다. 경영자 및 중간 관리자들은 젊은 직원 대다수가 회사를 잘 다니다 돌연 사표를 던진다며 당혹감을 표시한다.

어느 기업의 경리 팀장으로 일하는 C는 팀원인 25세 B를 높이 평가하고 있었다. B는 근무 태도도 좋고 늘 미소 띤 얼굴로 업무를 수행했으며 선배들에게도 인기가 많았다. 직속 상사인 C는 한 달에 한 번은 회식 자리를 마련해 B와 함께 술잔을 기울이곤 했다.

어느 날, C는 퇴근 후 B와 함께 한 술집으로 들어가 화기애애한 분위기 속에서 이런저런 대화를 나누다 헤어졌다. 다음 날 아침, B는 사표를 제출했다. C가 받은 충격은 이루 말할 수 없었다. 언제나 웃는 얼굴로 의욕적으로 일하던, 심지어 전날 밤에도 즐겁게 대화를 나누던 B가 사표를 쓰다니! 도무지 이해할 수 없었다.

직원의 잦은 퇴사는 기업의 적신호

사정을 물어보니, B는 오래전부터 영업팀에서 다양한 사람을 만나며 활기차게 현장을 누비는 삶을 꿈꿔왔다고 한다. 그러니 사무실에 틀어박혀 지루하게 숫자만 처리하는 게 불만일 수밖에. 영업팀으로 자리를 옮길 가능성이 희박하다는 위기감도 그의 퇴사 결심을 재촉한 모양이었다.

일 잘하는 젊은 직원의 퇴사는 팀은 물론, 기업 전체에 치명타다. '사람은 얼마든지 교체할 수 있다'라는 안일한 생각을 가지고 있으면 격변하는 시대에서 결코 살아남기 어렵다. 요즘 2030세대는 죽어라 고생해서 취업했다 하더라도 회사가 자신과 맞지 않다고 판단하면 과감하게 사표를 던진다. 입사한 지 얼마 안 된 직원들의 퇴사율이 갈수록 높아지는 이유가 여기에 있다.

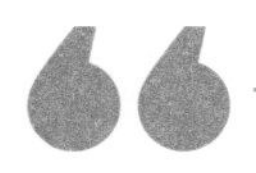

구체적이고 명확하며 측정 가능하게 지시하라

어떻게 '행동'해야 하는지 알려주어라

제1장에서도 언급했지만, 이제는 팀장이 팀원에게 해야 할 일을 구체적으로 알려주지 않으면 새로운 인재를 붙잡지 못한다. '선배의 어깨너머로 보고 배워라', '몰라도 일단 부딪혀보라'라는 말은 더 이상 통하지 않는다. 선배들의 회의에 참석하는 기회를 준 것만으로 직원 교육을 다 했다고 생각하는 것은 착각일 뿐이다.

요즘 젊은 직원들은 회사에서 아무것도 배울 게 없다는 생각이 들면 미련 없이 회사를 그만둔다. 요구 조건만 입력하면 구직 사이트가 몇 초 만에 적합한 직장을 추천해주는 시대다. 지금 2030세대에게 이직이란 더 이상 인생의 중대사가 아니라는 이야기다.

'일하는 법을 가르친다'란 무엇인가. 한마디로 '행동'을 알려주는 것이다. 어떤 행동을 해야 성과로 직결되고, 그 행동을 하려면 어떻게 해야 하는지 말이다. 그렇다면 '행동'이란 무엇인가. 행동은 행동과학 매니지먼트의 기본 개념으로, 아래에서 좀 더 자세히 설명해보겠다.

'행동'에 필요한 네 가지 조건

다음은 팀원을 관리하기 위해 일반적으로 알려진 지도 사항이다.

'고객에게 진심을 다해 인사한다.'
'약속 시간을 엄수한다.'
'약속을 잡는 전화는 날마다 한다.'
'팀원은 칭찬으로 키운다.'
'책상은 깔끔하게 정리한다.'

하지만 이건 '행동'이라 말할 수 없다. 행동과학 매니지먼트 이론 중에 'MORS의 법칙(구체성의 법칙)'이라는 게 있다. 이 법칙에 따르면, 행동은 다음 네 가지 조건으로 성립된다.

- Measured(측정할 수 있다): **얼마나 하고 있는지 수치로 나타낼 수 있다.**
- Observable(관찰할 수 있다): **누가 봐도 어떤 행동인지 알 수 있다.**
- Reliable(신뢰할 수 있다): **누가 봐도 같은 행동임을 인식할 수 있다.**
- Specific(명확하다): **누가 봐도 무엇을 어떻게 하는지가 명확하다.**

'행동'이 되려면, 위 네 가지 조건을 모두 충족시켜야 한다. 그러므로 '고객에게 진심을 다해 인사한다'는 행동이 아니다. 진심을 다했는지의 여부를 측정할 수 없기 때문이다.

지시가 구체적일수록 갈등이 줄어든다

A팀장: 책상을 좀 더 깨끗하게 정리하세요.

B팀원: 이 정도면 충분히 깨끗한데요.

왜 이런 갈등이 생길까. '정리'가 행동으로 명확히 정의되지 않은 탓이다. 만약 '고객에게 진심을 다해 인사하기'를 실천시키고 싶다면 어떻게 해야 할까.

---

① **정면에서 고객의 얼굴을 바라본다.**

② **미소를 짓는다.**

③ **5미터 앞까지 들릴 만한 목소리로**

④ **"감사합니다"라고 말하며**

⑤ **고개를 가볍게 숙인 뒤**

⑥ **다시 고개를 들어 고객의 얼굴을 바라본다.**

어떤가. 이 정도로 구체적인 지시가 아니라면 일하는 법을 가르쳤다고 할 수 없다.

칭찬은 인간을 행동하게 한다

인간이 같은 행동을 반복하는 이유

행동과학 매니지먼트의 기본 개념으로 하나 더 기억해둘 것이 있다. 인간은 왜 행동을 반복할까. 다시 말해, 인간이 행동을 반복하는 시스템은 무엇일까. 성과로 직결되는 바람직한 행동도, 그것을 스스로 반복하지 않는다면 의미가 없다. 행동과학 매니지먼트의 강점은 시스템을 구축해 부적합한 행동은 통제하고 적합한 행동은 강화하는 데 있다.

자고로 인간이 행동을 취하려면 어떤 조건을 갖춰야 한다.

이 조건이 충족되어야 인간은 행동하고 결과를 만들어낸다. 그리고 이 결과가 또다시 행동을 취하도록 만든다. 행동과학 매니지먼트에서는 인간이 행동하는 시스템을 'ABC 모델'이라는 개념으로 설명한다.

- Antecedent(선행 조건): **행동을 일으키는 계기, 행동하기 전 환경**
- Behavior(행동): **행동, 발언, 태도**
- Consequence(결과): **행동을 취해 일어나는 것, 행동한 후 환경 변화**

방 안에 있는데 더위를 느낀 상황을 상상해보자.

---

① **방 안이 덥다.** → A(선행 조건)

② **창문을 연다.** → B(행동)

③ **시원해진다.** → C(결과)

이때, 다음 행동(다시 창문을 연다)에 영향을 끼치는 요인은 무엇일까. 바로 결과(C)다. 창문을 열어 '시원해졌다'라는 결과를 얻으면, 우리는 앞으로 방 안이 덥다고 느낄 때(A), 창문을 여는 행동(B)을 반복한다. 만일 창문을 열어도 시원해지지 않았다면? 우리는 덥다고 느껴도 창문을 여는 행동을 하지 않는다. 찬물로 샤워를 하든, 에어컨을 달든 다른 행동을 선택할 것이다. 이것이 인간이 행동하는(혹은 하지 않는) 시스템이다.

긍정적인 반응은 행동을 반복하게 한다

원하는 결과를 얻고자 했던 행동이 긍정적으로 작용했다면 인간은 같은 행동을 반복한다. 반대로 부정적으로 작용했다면 행동을 중단한다.

"일하다 모르는 게 있으면 선배에게 물어보세요."

팀장이 신입사원에게 이렇게 말했다고 가정하자. 구체적으로 뭘 어떻게 하라고 알려준 게 아니므로 '행동'을 지시했다고 말하기 어렵다. 하지만 최소한 모르는 것이 생겼을 때 어떤 식으로든 선배에게 물어보는 행동은 취할 수 있으리라.

포인트는 물어본 뒤의 결과다.

- **결과 A: "잘 모르는 게 있어? 아, 이건 말이지……."**
  → 선배가 흔쾌히 알려준다.
- **결과 B: "가뜩이나 바쁜데…… 그 정도는 스스로 처리할 수 있잖아." → 선배가 퉁명스럽게 반응한다.**

어느 쪽이 행동의 반복, 즉 '일하다 모르는 게 있으면 선배에게 물어본다'는 습관으로 이어질까. 두말할 나위 없이 A다. 이처럼 행동을 취한 결과가 긍정적인지, 부정적인지에 따라 행동을 다시 반복할지가 결정된다.

성과를 내는 행동을 팀원에게 습관화시키고 싶은가? 그렇다면 긍정적인 결과를 보여줘라. 자신이 취한 행동이 긍정적인 결과를 가져온다는 사실을 경험한 팀원은 시키지 않아도 스스로 행동할 것이다.

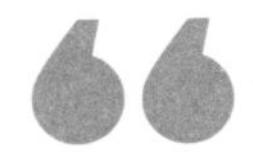

스스로 움직이게 만드는 방법

상위 20% 직원의 비결은 '자발적'

여기서 소개하는 방법을 실천하면 하위 80%에 해당하는 직원이 성과를 내도록 만들 수 있다. 그러기에 앞서, 상위 20%의 유능한 직원에 대해 생각해보자. 그들이 높은 성과를 내는 이유는 무엇일까. 행동 경제학 관점에서 말하면, '행동 자발성'이 높기 때문이다. 남이 시켜서 억지로 일하는 게 아니라 스스로 원해서 즐겁게 일한다는 이야기다. 흔히 '노력하는 사람은 즐기는 사람을 이길 수 없다'고 한다. 일이 좋아서 즐기는 사람의 성과가 좋은 건 너무도 당연하다.

2000년대 초반, 미국의 컨설팅 회사 ADI가 실시한 실험에 의하면, '일이란 어쩔 수 없이 해야 하는 것(have to)'이라는 마인드를 가진 직장인은 일을 할 때 행동이 굼뜨고, 최저 수준을 가까스로 수행하는 데 그쳤다. 그에 반해 '일이란 하고 싶어서 하는 것(want to)'이라는 마인드를 가진 직장인은 행동이 민첩해 같은 시간 동안 전자보다 3배 많은 업무를 처리했다.

결국, 일을 잘하는 사람과 그렇지 못한 사람의 차이는 얼마나 능력이 뛰어난가보다는 얼마나 자발적으로 행동하는가에 달려 있다는 말이다.

'자발적으로 일하는 직원을 만들어라.'

'직원의 동기부여를 높여라.'

경영서에 단골로 등장하는 멘트다. 그래야 직원들이 성과를 내 회사 매출이 오르기 때문이다.

'일은 즐겁게 하자.'

'좋아하는 일을 하자.'

자기계발서에 단골로 등장하는 멘트다. 그래야 성과가 잘 나오고 회사로부터 보상을 받기 때문이다. 고용주와 고용인이라는 입장은 달라도 결국 내용은 같다.

그렇다면 하위 80%의 평범한 직원을 성장시켜 성과를 내게 하려면 어떻게 해야 할까. 스스로 하고 싶어서 일하는 'want to'형으로 만들면 된다. 결과를 잘 컨트롤하면 평범한 직원도 충분히 'want to'형으로 만들 수 있다.

칭찬은 아주 훌륭한 보상이다

결과를 컨트롤한다는 건 다시 말해, 행동에 보상을 해준다는 의미다. 유능한 팀장은 팀원마다 적합한 보상이 무엇인지 파악하고 있다. 생각해보라. 우리는 살면서 크고 작은 보상을 체험한다. 알코올 중독자는 왜 날마다 술을 마실까. 술이 맛있고 마시면 기분이 좋아지기 때문이다. 세상에 쾌감만큼 강렬한 보상은 없다. 만약 술이 맛없고 마시면 기분이 나빠진다면 주변에서 말리지 않아도 알아서 술을 끊는다. 아무런 보상이 없는데 뭐 하러 술을 마시겠는가.

그렇다면 일상에서 우리가 자주 경험하는 보상은 무엇일까. 바로 칭찬이다. SNS에 글을 올릴 때마다 수많은 사람에게

'좋아요'를 받는 사람이 있다. 글을 올린다고 해서 돈을 받는 것도 아닌데 하루가 멀다 하고 시간과 노력을 들여 자발적으로 글을 올린다. 왜일까? 칭찬이라는 보상을 받기 위해서다.

비즈니스에서도 마찬가지다. 팀원이 특정 행동을 해서 팀장에게 칭찬을 받았다면 그는 칭찬받기 위해 앞으로도 같은 행동을 반복할 것이다. 이것이 '칭찬 매니지먼트'의 기본이다. 칭찬이야말로 가장 단순하면서 가장 효과가 강력한 매니지먼트 기술이다. 오늘부터 팀원이 바람직한 행동을 하면 칭찬을 해주어라. 칭찬이라는 보상을 받은 그는 확연히 달라진 모습을 보여줄 것이다. 어렵사리 팀원의 내면에 다가가 성격을 바꾸거나 의욕을 고취시키기 위해 노력할 필요가 없다. 행동을 칭찬하기만 하면 된다. 그게 전부다.

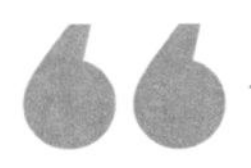

일을 '가르친다'는 것은

업무 매뉴얼과 체크리스트를 만들어라

20% 능력자를 제외한 80% 그저 그런 직원들은 왜 높은 성과를 내지 못할까. 여러 요인이 있겠지만 스스로 하고 싶어서 일하는 'want to'형이 아니라는 게 주된 이유다. 그중 평균에도 미치지 못하는 하위 20%는 팀장의 골칫거리다. 이들은 다음과 같은 문제를 갖고 있다.

'일하는 법을 모른다.'

'일을 꾸준히 지속하지 못한다.'

바꿔 말하면, 위 두 가지를 개선해 자발성을 가미하면, 얼마든지 성장할 수 있다는 이야기다.

업무 방식이란 일에 관한 지식이나 이론, 기술을 말한다. 이를테면 '무엇을 어떤 순서로 어디에 중점을 두고 어떻게 진행하는가'를 말한다. 요즘에는 아르바이트, 파견직, 정규직 등 근무 형태가 다양하고, 외국인 노동자까지 증가하고 있다. 따라서 각양각색의 구성원에 맞게 교육 방식도 달라져야 한다. 행동과학 매니지먼트는 구체적인 지시와 핀포인트 행동을 기록해 업무 매뉴얼 혹은 체크리스트로 활용하기를 추천한다. 업무 매뉴얼과 체크리스트를 만들어두면 직원들의 능력치에 맞게 적절한 시기에 지식과 기술을 전수할 수 있다.

지식과 기술을 구분하라

팀원에게 일을 가르칠 때 가장 먼저 해야 할 일이 있다. 그것은 바로 가르치려는 내용이 '지식'인지, '기술'인지 구분하는 것이다.

지식이란 무엇일까. 누가 물었을 때 "그건 ○○다"라고 대답할 수 있는 것이다. 야구를 예로 들면, 경기 규칙이나 야구 이론, 매트나 볼 같은 사용 도구와 사용법 등이 이에 해당한다. 반면 기술이란, 하고자 할 때 할 수 있는 것이다. 공을 던지는 법, 공을 치는 법, 도루하는 법처럼 실전 그 자체인 셈이다.

이처럼 지식과 기술, 두 가지를 구분해두면 팀원에게 무엇이 필요한지, 일을 어떤 순서로 가르쳐야 할지가 명확해진다. 일을 더욱 쉽고 체계적으로 가르칠 수 있는 것이다. 참고로 방법은 되도록 구체적으로 전달하는 편이 좋다. 그래야 상대가 쉽게 납득한다. 당연한 상식처럼 보이지만 여기에 서툰 팀장들이 의외로 많다.

'저 팀원은 지시 사항도 제대로 따르지 못하는군.'

팀원을 보며 이렇게 한탄하기 전에, 자신이 얼마나 알아듣기 쉽게 지시를 내렸는지 돌아볼 필요가 있다.

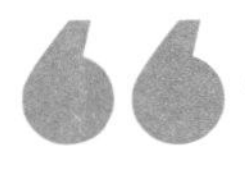

기술을 가르치는 것은 행동을 가르치는 것

'기술을 가르친다'란 '어떻게 행동해야 하는지'를 가르치는 것이다. 이때, 행동을 얼마나 세세하게 분해해 전달하는지가 핵심이다. 다음 사례를 보자.

한 호텔의 연회 담당 팀에 막 입사한 신입사원을 지도하는 상황이다. 조만간 손님이 들이닥칠 연회장에 모여 직원들이 분주하게 테이블 세팅을 하던 중, 매니저가 신입사원에게 이렇게 지시한다.

"탁자 위에 놓인 병맥주 중에 열 병은 미리 뚜껑을 따놓으세요."

매니저는 자신이 구체적으로 지시를 내렸다고 생각할 것이다. 그런데 스물 남짓의 젊은 신입사원이 생전 병맥주 뚜껑을 따본 적도 없고, 어떻게 따야 하는지도 모른다면? 그는 '병따개로 병뚜껑을 딴다'라는 생애 첫 도전에 보기 좋게 실패한다. 병을 엎질러 테이블보에 맥주를 쏟고, 손까지 베이고 만다. 이처럼 열 병의 병맥주 뚜껑을 미리 따놓으라는 지시는 그 행위를 전혀 해본 적 없는 사람에게는 전혀 구체적이지 않다.

---

① **병따개를 한 손으로 잡는다.**

② **다른 손으로 병의 중앙을 잡는다.**

③ **병따개 구멍을 병뚜껑 주름에 끼운다.**

④ **병따개를 쥔 엄지손가락을 병뚜껑 위에 올린다.**

⑤ **지렛대를 쓰듯 병따개를 밑에서 위로 젖혀 올린다.**

이 정도로 세세히 알려줘야 한다. '이런 것까지 알려줘야 하나?' 싶은 부분까지 말이다. 마치 태어나 한 번도 그런 행동을 해본 적 없는 아이에게 가르치는 것처럼. 더 이상 나눌 수

없는 단계까지 행동을 분해해 알려줘야 한다.

행동을 쪼개고 쪼개고 쪼개라

단 한 번도 컴퓨터를 만져본 적 없는 사람에게 "이 숫자를 엑셀에 입력해두세요"라고 지시한들 가능할 리가 없다.

"우선 여기 보이는 컴퓨터 전원 스위치를 켜세요. 그러면 바탕화면에 이런 표시로 된 엑셀 아이콘이 보일 거예요. 그 아이콘을 클릭한 다음 엑셀 프로그램을 실행시키세요. 그리고……."

이와 같이 단계를 자세히 나눠 알기 쉽게 전달해야 한다.

'상식적으로 이 정도는 누구나 알지 않나?'
'직장인이 이걸 모를 리가 없지.'

이렇게 생각한다면 하루빨리 마음을 고쳐먹길 바란다. 상식은 시대와 함께 변한다. 당신에게 당연한 상식이 지금 세대에겐 당연하지 않을 수 있다.

팀원에게 지시를 내렸는데 결과가 만족스럽지 않은가? 그렇다면 행동을 세세하게 분해해 전달했는지 자문해보자. 행동을 분해하는 법을 훈련하기 위해 과제를 하나 주겠다. 페트병 물을 컵에 담는 행동을 최대한 세세하게 분해해보기 바란다.

---

① **페트병을 본다.**

② **페트병을 잡는다.**

……

실제로 이 행동은 스물일곱 가지 과정으로 나눌 수 있다. 당신은 몇 가지로 분해했는가?

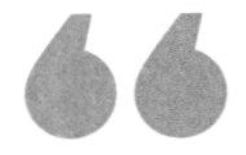

일 잘하는 직원의 행동을 분석하라

상위 20%의 핀포인트를 찾아라

하위 80%를 일 잘하는 직원으로 성장시키려면 어떻게 해야 할까. 상위 20%의 핀포인트 행동을 본받게 하면 된다. 거듭 강조하지만, 유능한 직원의 핀포인트 행동을 파악하고 분해해 다른 직원에게 적용하는 것, 이것이 팀장의 주요 임무다. 이때, 유능한 직원에게 일하는 방식을 물어보는 건 금물이다.

'일 잘하는 요령은 당사자에게 직접 물어보면 되지, 내가 왜 일일이 관찰해야 해?'

이렇게 생각한다면 하나만 알고 둘은 모르는 것이다. 유능한 직원은 성과로 이어지는 행동을 무의식중에 하는 경우가 많다. 타고난 일머리가 뛰어난 까닭이다. 그들에게는 물 흐르듯 자연스러운 일이므로 구체적인 언어로 표현하는 데 어려움을 느낄 수 있다. 또한 본인의 '필살기'를 공개하는 데 거부감을 느낄 수도 있다.

'고객을 관리하는 비결? 나만의 노하우를 왜 알려줘야 하지?'
'일을 빨리 처리하는 요령? 그걸 모두에게 공개하면 내 가치가 떨어질 텐데?'

치열한 경쟁 사회에서 자신의 경쟁력을 키우기 위해 '영업 비밀'을 고수하는 건 당연하다. 수많은 기업을 지켜본 결과, 한 업종에서 꾸준히 한 우물만 파온 사람이나, 독창성이 중시되는 창작 업종에서 일하는 사람에게 이런 경향이 두드러져 보였다. 그러므로 제3자가 관찰해 유능한 사람의 핀포인트를 찾아내야 한다는 것이다.

핀포인트를 분해해 업무 매뉴얼을 만들어라

핀포인트 행동을 발견했다면 다른 직원에게 적용할 수 있도록 세세하게 분해해야 한다. 이때 유용한 도구가 되는 것이 앞서 언급한 업무 매뉴얼과 체크리스트다. 구체적인 행동이 기록된 업무 매뉴얼과 행동을 취했음을 확인(혹은 측정)하는 체크리스트는 인재 관리에 더없이 효과적이다.

담당자를 따로 두어 업무 매뉴얼을 만드는 기업도 많다. 이런 경우, 업무 매뉴얼은 틀에 박힌 형식에서 벗어나지 못한다. 이런 업무 매뉴얼이 현장에서 제대로 효과를 보지 못하는 건 '행동의 관찰'이 생략되었기 때문이다. 업무 매뉴얼은 유능한 직원이 취하는 핀포인트 행동을 하나하나 분해한 내용으로 이루어져야 한다.

나는 기업에서 컨설팅을 의뢰받으면 가장 먼저 유능한 직원의 행동을 관찰한다. 내근을 하든 외근을 하든 하루 종일 그들의 업무 행태를 '밀착 감시'해(필요하다면 인터뷰도 진행한다) 성과로 이어지는 핀포인트 행동을 찾아낸다. 그런 다음 누가 봐도 이해할 수 있도록 세세하게 행동을 분해한다.

'업무가 산더미인데, 팀원 행동을 관찰할 여유가 어디 있어!'

팀장들의 볼멘소리가 들려오는 듯하다. 충분히 이해한다. 그들은 치열한 기업 환경에서 어떻게든 성과를 내야 하는 임무와 종잡을 수 없는 팀원들을 가르쳐야 하는 임무라는 이중고에 시달리고 있다. 경영진도 '스스로 행동하게 만드는 시스템 만들기'에 적극 동참해야 한다. 기업의 사활이 걸린 인재 육성을 현장의 리더에게만 맡겨두고 나 몰라라 해서는 안 된다.

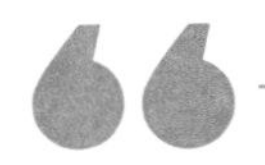

팀원의 성과 관리는 팀장의 업무

실무와 관리, 모두 잘해야 살아남는다

여기, 실무자로서 열심히 일하고 성과를 잘 내는 팀장이 있다. 그는 자신의 핀포인트 행동을 세세히 분해하지 않고, 팀원에게 구체적인 지시를 내리지도 않는다. 이런 팀장은 본인 성과에 집중하는 실무자로 남는 편이 더 나을 수도 있다.

'실무자와 관리자의 능력은 별개다.'
'연차와 매니지먼트 기술은 아무 상관이 없다.'

'회사에서 경험을 쌓았다고 팀장 역할을 짊어질 이유는 없다.'

실무자와 관리자의 역할을 동시에 떠안은 팀장 중에 이렇게 항변하는 사람이 많다. 충분히 공감한다. 하지만 시대가 변했다. 회사는 당신이 팀원들을 잘 지도해 인재로 키워내기를 원한다. 인재 부족이 심각해진 시대에 팀장이 팀원을 가르치고 성장시키지 않으면 회사는 더 이상 살아남을 수 없기 때문이다.

'나는 회사에서 높은 성과를 내고 있으니 직원 관리는 내 소관이 아니다.'

이렇게 말할 입장이 아니라는 이야기다.

팀장이 갖춰야 할 세 가지 자질

이제는 팀장이 본인의 성과를 관리하는 것 이상으로 팀원을 교육하는 일이 중요해졌다. 만일 당신이 다음 세 가지 자질을 어느 정도 갖추고 있다면 그리고 그 자질을 더욱 연마해나간다면 팀장으로서의 임무를 훌륭히 수행해나갈 수 있을 것이다.

- **관찰력**
- **판단력**
- **언어 능력**

이 중 가장 중요한 요소는 언어 능력이다. 보고 생각한 바를 언어로 표현해 구체적으로 전달하는 능력이야말로 이 시대의 팀장이 반드시 갖추어야 할 능력이다.

세 가지 자질을 어느 정도 갖추었다면 이제 남은 과제는 '시간 관리'다.

'본인 성과 관리를 위해 업무에 매진해야 한다.'
'시대적 흐름에 따라 잔업이 어려워졌다.'
'팀원이 성과를 내도록 지도해야 한다.'

이러한 상황에서 팀장에게 요구되는 역할은 명확하다. 불필요한 시간 낭비를 줄이는 매니지먼트, 바로 그것이다. 단순히 업무 시간을 줄인다고 끝이 아니다. 한정된 시간을 최대한 활용해 성과를 만들고, 팀원의 성과도 챙겨주어야 한다. 이 책에서 제안하는 일대일 대화가 그것을 가능하게 해줄 것이다.

1분 요약!

① 상위 20% 직원을 관찰한다.
② 성과로 직결되는 핀포인트 행동을 관찰하여 파악한다.
③ 핀포인트 행동을 세세하게 분해한다.
④ 분해한 내용을 업무 매뉴얼 및 체크리스트로 작성한다.
⑤ 작성한 내용을 다른 직원들에게 적용한다.

제3장

마음을 움직이는 소통

행동과학 매니지먼트에서는 팀장이 팀원을 매니지먼트하기 위해 '인격자'가 될 필요는 없다고 말한다. 팀원에게 잘 보이려고 공치사를 남발하거나 상냥함을 어필하지 않아도 된다는 이야기다. 물론 너그럽고 인격 바른 팀장이 되면 좋겠지만, 일부러 그렇게 되려고 애쓸 필요는 없다. 그러니 아랫사람의 인기와 호감을 얻어야 한다는 부담감은 내려놓기 바란다.

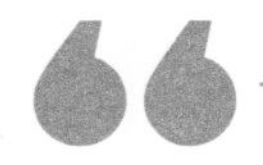

소통의 목적은 신뢰 형성과 동기부여 조건 파악

상대의 행동에 주목하라

제2장에서는 행동과학 매니지먼트의 기본 지식인 '인간의 행동 원리'에 대해 이야기했다. 행동과학 매니지먼트의 특징을 요약하면 이와 같다.

'상대의 행동에 주목하기.'

바꿔 말하면 상대의 내면에는 관여하지 않는다는 말이다.

- **팀원이 성과를 내게 하고 싶다면, 성과를 만드는 '행동'을 하게 하면 된다.**
- **팀원을 유능한 인재로 성장시키고 싶다면, 유능한 인재가 취하는 '행동'을 하도록 만들면 된다.**
- **의지나 마음가짐이 아닌 '행동'을 체계적으로 컨트롤한다.**
- **초보자도 쉽게 따라 할 수 있는 표준화된 행동 지침을 마련한다.**
- **업무 매뉴얼과 체크리스트를 활용한다.**

이것이 행동과학 매니지먼트가 제안하는 인재 관리 노하우다.

소통이 활발할수록 이직률이 낮아진다

행동과학 매니지먼트가 시스템을 중시한다고 해서 사람 간의 소통을 무시한다고 비판하는 사람도 있다. 이는 사실과 다르다. 행동과학 매니지먼트에서는 팀원의 이직률은 팀장과 소통하는 비율과 반비례한다고 말한다. 즉 팀장과 소통이 적을수록 팀원의 이직률이 높아지고, 소통이 활발할수록 이직률이 낮아진다는 이야기다. 행동과학 매니지먼트는 그 어떤 매니지먼트보다 소통을 중시한다.

그렇다면 한번 생각해보자. 왜 소통을 해야 하는가. 이를 논하기에 앞서, 한 가지 짚고 넘어갈 부분이 있다.

'팀원과 허심탄회하게 이야기를 나누면 친밀감이 생긴다.'
'팀장과 사이가 돈독한 팀원은 회사를 쉽게 그만두지 못한다.'
'비즈니스는 의리와 인정으로 돌아가는 세계다.'

이렇게 생각하는 사람이 많다. 물론 직장에서 팀장과 팀원의 관계는 중요하다. 자신이 교육받은 방식만 고집하면서 본인 성과를 올리기에만 급급한 '불통' 팀장을 어느 누가 믿고 따르겠는가. 이럴 때 팀원은 '어느 날 갑자기' 사표를 쓴다. 특히 실무자 역할에 집중하는 팀장의 경우, 본인은 팀원들과 충분히 소통하고 있다고 여기지만 정작 상대는 그렇게 느끼지 않는 경우가 의외로 많다.

친목은 회식 자리에서 쌓는다?

팀원과의 소통이 중요하다고 하면, 물불 안 가리고 팀원에게 '돌격'하는 팀장이 있다. 이런 마인드를 가진 사람은 업무가 끝난 후 팀원의 의사를 무시하고 회식 자리를 만든다.

근로 문화에 대한 인식이 달라지면서 퇴근 후에 팀원에게 회식을 강요하는 일을 금지하는 회사가 늘었다. 신입사원 환영회, 송별회를 비롯해 사적 모임도 크게 줄었다. 업무 시간이 끝나면 각자 사생활에 충실하는 풍토가 시대적 흐름으로 자리 잡은 것이다.

소통의 한 수단으로 회식 자체를 부정할 마음은 없다. (회사 차원에서 회식을 금지한다면 모르겠으나) 술자리가 소통에 효과적이라거나, 팀원과의 친목 도모가 중요하다고 말하는 게 아니다. 행동과학 매니지먼트가 지향하는 소통 목적이 회식 자리에서 이루어진다면, 나름대로 의미가 있다는 뜻이다.

소통을 해야 하는 두 가지 이유

다시 돌아오자. 왜 소통을 해야 하는가.

첫 번째 이유는 신뢰 형성을 위해서다. 여기서 말하는 신뢰 형성이란, 팀원과 사적으로 친밀해진다거나 호감을 주고 받는다는 뜻이 아니다. 비유하면, 굳건한 토대를 다지는 것이다. 서로에게 숨김없이 문제점이나 본심을 털어놓을 수 있는 토대 말이다.

업무상 중요한 상담이나 자신이 저지른 실수를 스스럼없이 이야기할 수 있어야 진정한 신뢰 관계가 형성되었다고 할 수 있다. 신뢰하지 않는 팀장에게 상담을 요청할 팀원은 어디에도 없다. 실수를 저질렀을 때 자신을 호되게 질책할지도 모를 팀장에게 누가 실수를 솔직히 털어놓겠는가.

두 번째 이유는 상대의 동기부여 조건을 파악하기 위해서다. 이는 비즈니스 커뮤니케이션의 핵심 목표이기도 하다. 동기부여 조건이란, 행동 경제학 용어로 '강화(Reinforce)'라고 한다. 말 그대로, 인간이 특정 행동을 일으키는 동기부여가 되는 조건인데, 더 쉽게 말하면 '보상'이다.

신뢰를 얻는 방법은 추후에 자세히 살펴보기로 하고, 우선 다음 장에서 동기부여에 대해 알아보자.

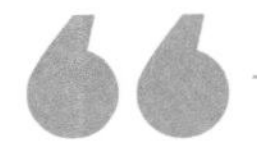

사람마다 각양각색인 동기부여 조건

팀원의 동기부여 조건을 파악하라

팀원들의 동기부여 조건은 무엇일까. 이는 사람마다 각양각색이다. '당연히 높은 연봉을 받기 위해서 아닌가'라고 생각한다면 지극히 단편적인 발상이다.

얼마 전, 한 대기업 팀장이 "입사한 지 반년도 안 된 20대 직원이 돌연 회사를 그만두었어요"라며 상담을 요청했다. 당사자는 퇴사 이유를 다음과 같이 말했다고 한다.

"저는 돈 때문에 일하는 게 아닙니다. 고객에게 그저 감사하다는 말을 듣고 싶었습니다. 하지만 회사는 매출을 늘려야 한다느니, 경비를 줄여야 한다느니 늘 돈벌이에만 혈안이 되어 있습니다. 더 이상 의욕이 생기지 않습니다."

기성세대에게 일하는 이유를 물으면 대부분 '돈을 많이 벌기 위해서'라고 답할 것이다. 그것이 그들에게는 상식이었다. 하지만 요즘 세대는 다르다. 시대가 달라지면 가치관도 달라지는 법이다.

팀장은 각각의 팀원에게 알맞은 동기부여 조건이 무엇인지, 어떤 보상이 그들을 행동하게 하는지 섬세하게 파악해둘 필요가 있다. 그러므로 소통을 위해 회식을 하겠다면, 팀원의 동기부여 조건을 탐색하는 자리로 활용해야 한다.

동기부여가 유능한 인재를 만든다

'고객에게 고맙다는 말을 듣는 것'
'사회에 기여했다는 성취감을 느끼는 것'
'급여가 올라가는 것'

팀장은 사람마다 동기부여 조건이 다르다는 사실을 알아둘 필요가 있다. 같은 회사, 같은 팀에 속해 있다 해도 일하는 이유는 제각각이다. 앞서 행동의 결과가 긍정적이라면 인간은 그 행동을 반복한다고 이야기했다. 여기서 긍정적으로 느끼는 무언가가 바로 동기부여 조건이다. 팀원이 성과로 이어지는 행동을 반복해 유능한 인재로 거듭나기를 바라는가. 그렇다면 우선 팀원마다 각양각색인 동기부여 조건을 파악하자.

시대가 변하면 동기도 달라진다

지금까지 동기부여 조건을 보상, 가치관, 긍정적 결과 등 몇 가지 키워드로 정리했다. 이번에는 비즈니스에 어울리는 '보수'라는 키워드로 설명해보겠다.

비즈니스에서 보수라고 하면 흔히 돈을 뜻한다. 연봉, 급여, 성과급, 보너스 등. 그런데 시대가 변했다. "열심히 일하면 금전적 보수가 생긴다"라는 말로 2030세대를 움직일 수 있다고 생각하면 오산이다.

지금 팀장들이 사회생활을 시작한 시기에는 승진이야말로 일을 열심히 하는 강력한 동기부여 조건 중 하나였다. 더 높은 지위에 올라 중요한 의사결정권자가 되고 싶다는 출세

욕이 있었기에 고생을 마다하지 않고 격무를 이겨낼 수 있었다. 하지만 요즘 세대는 지위에 연연하지 않는다. "성과를 내면 언젠가 팀장으로 승진할 수 있다!"라는 격려의 말은 지금 세대가 일을 지속하는 데 필요한 동기부여 조건이 아니다.

승진 따위 안 해도 그만인 세대

"요즘 직원들은 승진에 관심이 없습니다. 도대체 야망이라는 게 없어요. 그저 주어진 일만 하면서 현실에 안주하려고만 해요."

얼마 전 몇몇 팀장이 팀원에 대해 이렇게 말하며 한탄하는 모습을 본 적이 있다.

'승진 따위 안 해도 그만이다.'
'승진해봤자 일만 많아질 테니 이대로가 낫다.'
'우리 회사 팀장처럼 되고 싶지 않다.'

요즘 세대의 속마음이 아닐까. 출세하면 책임져야 할 일이 늘어나 부담스럽다. 팀원을 관리하고 싶은 마음이 없다. 지금처럼 주어진 일만 하면서 살고 싶다…… 이런 생각을 가진 사람이 상당히 많다. 심지어 요즘 세대는 물욕도 적다.

"차 같은 거 없어도 사는 데 불편하지 않습니다. 굳이 고급 외제차를 살 이유도 없고요."
"저렴한 옷 몇 벌이면 충분합니다."
"월급을 모아 집 한 채 마련하겠다는 욕심은 버린 지 오래예요. 제 몸 하나 건사할 정도만 벌면 만족합니다."

기성세대의 눈에는 이렇게 말하는 직원들이 패기도, 열정도 없는 나약한 인간처럼 보일지도 모른다. 물론 이런 가치관이 틀렸다거나, 모두가 그렇다는 건 아니다. 다만, 예전처럼 돈이나 지위로 2030세대가 움직일 거라는 생각은 버려야 한다는 이야기다.

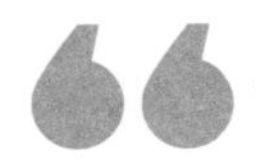

다양한 동기부여 조건을 만족하는 토털 리워드

사람을 움직이게 하는 여섯 가지 보상 방법

돈이나 지위에 목매지 않는 직원을 자발적으로 움직이게 하려면 어떻게 해야 할까. 행동과학 매니지먼트에서 제안하는 '토털 리워드(Total Reward)'에서 그 힌트를 얻을 수 있다. 미국에서 생긴 개념인 토털 리워드는 급여나 승진, 복지 이외의 다양한 비금전적 보수를 말한다. 본래는 다섯 가지 요소로 이루어져 있으나 나는 토탈 리워드 개념을 아시아 실정에 맞게 적용하면서 한 가지를 추가했다.

① A(Acknowledgement): **감사와 인지**

팀원을 소중한 동료로 인식하고 고마운 마음을 표현한다. 칭찬할 때는 되도록 구체적으로 표현한다. 가령 업무 성과가 뚜렷한 수치로 드러나지 않는 서비스직이라면, "○○씨가 고객을 편안하게 접대해준 덕분에 계약 체결에 큰 도움이 되었습니다"와 같이 상대의 존재와 역할을 고맙게 인식하고 있음을 전달한다.

② B(Balance of work and life): **일과 사생활의 양립**

사생활을 중시하는 팀원을 위해 근무 형태를 유연하게 조정한다. 요즘 세대는 사적인 시간을 무엇보다 소중히 여기는 경향이 강하다. 일과 사생활의 양립은 2030세대를 움직이게 만드는 중요한 키워드다.

③ C(Culture): **기업 문화와 조직의 체질**

직위나 나이와 무관하게 자유롭게 의견을 제시할 수 있는 근무 환경, 서로의 의견과 아이디어에 진지하게 귀를 기울여주는 사내 분위기는 바람직한 보수가 된다. 비유하자면, '위아래 막힘없이 바람이 술술 잘 통하는 조직'이라고나 할까.

④ D(Development[Career/Professional]): **성장 기회 제공**

업무를 자기계발의 기회로 삼는 팀원을 위해 세미나 및 연수에 참여할 기회를 마련하고, 업무 능력 향상을 지원하는 사내 제도를 신설한다.

⑤ E(Environment[Work place]): **노동 환경 정비**

일하기 좋은 쾌적한 근무 환경도 보수의 일종이다. 회사 입지를 비롯해 편안한 인테리어, 고성능 · 고품질 사무용품 등 업무 이외의 환경도 쾌적하게 관리할 필요가 있다.

'자율출근제를 도입한 뒤부터 업무 효율성이 높아졌다.'
'책상과 의자가 편안하다.'
'회사 밖으로 보이는 전경이 근사해 에너지를 얻는다.'

이처럼 외부적 요인을 동기부여 조건으로 여기는 팀원도 적지 않다.

여기까지가 미국의 교육기관 월드앳워크(World at Work)가 제안한 토탈 리워드다. 마지막은 내가 행동과학 매니지먼트 관점에서 추가한 내용이다.

⑥ F(Frame): 구체적 행동의 명확한 지시

행동은 구체성이 핵심이다. 구체적인 행동을 명확히 지시하지 않으면 성과를 내기 어렵다. 업무 매뉴얼이나 체크리스트를 활용하면 업무 지시가 한결 수월해진다.

'업무 진행 방식 제대로 알려주기'
'쓸데없는 업무로 시간 빼앗지 않기'

이것이야말로 팀장이 팀원에게 선사해야 할 중요한 보수다. 그래야 팀원 스스로 행동하고 성과를 낼 수 있다.

'보수=돈'의 시대는 끝났다

나는 토털 리워드라는 개념을 2000년대 후반에 소개한 바 있다. 당시 설명을 들은 몇몇 경영자가 보인 반응은 대개 다음과 같았다.

"팀원이 무엇을 위해 일하는지를 굳이 검증할 필요가 있습니까?"
"회사로부터 월급을 받는 만큼 일을 열심히 하는 건 당연한 거 아닌가요?"

"공짜로 일을 시키는 게 아닌데 왜 감사해야 하죠?"

"금전적 보수보다 쾌적한 환경을 중시하는 사람은 우리 회사에 없습니다."

……

돈 이외에 다른 보수가 있을 리가 있겠냐는 마인드였다. 10년 전엔 그게 당연했다. 수당을 지불하면 야근을 시킬 수 있었고, 급여가 높으면 휴일 근무를 시킬 수 있었다. 예전에는 기업이 직원의 코칭 상담을 지원하고 스트레스를 관리하는 발상 자체가 황당하게 여겨졌다.

지금은 어떤가. 금전적 보수와 무관하게 야근이나 휴일 근무 자체가 법률 위반이다. 예전에는 과도하게 일을 시키면 악덕 기업이라고 수군거림을 받는 게 고작이었지만 지금은 제대로 법적 규제를 받는다.

토털 리워드로 자발성을 높여라

시대가 달라지면 사람들이 지향하는 가치가 달라진다. 따라서 당연히 매지니먼트 방향도 달라져야 한다.

단, 시대가 변해도 변하지 않는 게 있다. '인간의 행동 원리'가 바로 그것이다.

- **감사와 인지: 누군가에게 감사 인사를 받고 인정을 받으며 성취감을 느끼고 싶다.**
- **일과 사생활의 양립: 일만큼 사생활도 존중받고 싶다.**
- **기업 문화와 조직의 체질: 자유롭고 민주적인 분위기에서 일하고 싶다.**
- **성장 기회 제공: 회사에서 일하면서 능력을 더욱 업그레이드하고 싶다.**
- **노동 환경 정비: 편하고 쾌적한 환경에서 일하고 싶다.**
- **구체적 행동의 명확한 지시: 해야 할 일을 구체적으로 지도받고 싶다.**

이러한 보수는 앞으로 기업이 인재를 확보하고 정착시키는 데 필수 불가결한 요소가 될 것이다.

팀장은 이 중에서 매니지먼트하는 상대에게 적합한 보수를 선택해 사용하면 된다. 기업마다 가진 고유한 문화로 인해 주력하는 요소는 다를 것이다. 하지만 갈수록 조직 구성원이

다양해지는 만큼 앞으로는 여섯 가지 이외의 요소들도 적극적으로 도입할 필요가 있다.

'보수는 돈 말고는 없다.'

'급여나 보너스만 신경 쓰면 된다.'

금전적 보수가 전부인 시대는 지났다. 토털 리워드를 활용하면 돈이나 출세만을 쫓지 않는 팀원들의 행동 자발성을 높여 팀, 더 나아가 조직 전체를 성장시킬 수 있을 것이다.

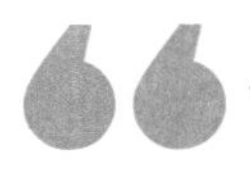

칭찬은 돈보다 강력한 보상이다

보상은 긍정적이고 즉각적이며 확실할수록 좋다

행동과학 매니지먼트는 행동의 결과를 다음 세 가지 요소로 분석한다.

- **타입: 결과가 긍정적인가 혹은 부정적인가.**
- **타이밍: 결과가 곧바로 빠르게 발생하는가 혹은 나중에 발생하는가.**

• **가능성: 결과가 확실하게 드러나는가 혹은 불확실하게 드러나는가.**

이를 전문 용어로 'PST 분석'이라고 하는데, 이 조합으로 결과가 행동을 지속시키는지, 즉 동기부여 조건이 되는지를 검증할 수 있다.

세 가지 조합 중 행동을 지속하기 가장 쉬운 것은 '긍정적이고 즉각적이며 확실히 드러나는' 결과다. 이 관점에서 보면 '연말 상여금'이라는 결과는 행동을 지속시키지 못한다. 상여금 자체는 긍정적이지만 지금 당장 발생하지 않으며, 회사 매출 및 자신이 속한 팀, 자신의 성과에 따라 액수가 달라지기 때문이다. "연말에 상여금을 받을 수도 있으니 열심히 해!"라고 격려해도 효과는 미미하다는 이야기다.

칭찬은 가장 강력한 동기부여 조건

그렇다면 긍정적이고 즉각적이며, 확실히 얻을 수 있는 보상은 무엇일까. 바로 칭찬이다. 인간은 기본적으로 인정받고자 하는 욕구를 가지고 있다. 인간의 인정 욕구를 충족시키는 효과적인 수단이 칭찬이다. 칭찬의 장점은 긍정적이고 즉각적으로 발생하며 확실히 드러나는 결과라는 것이다. 심지어 비용이 발생하지도 않는다. 매니지먼트를 하는 입장에서 칭찬만큼 쉽고 효과적인 보상도 없다.

---

① **행동했다.** → ② **칭찬받았다.** → ③ **행동을 반복한다.**

단순하지만 이것이 인간의 행동 원리다.

칭찬의 또 다른 장점은 상대의 성취감 및 자기효능감(Self-efficacy)을 높여준다는 것이다. 자기효능감이란, '나는 할 수 있다'라고 믿는 기분을 말한다. 목표를 달성해서 느끼는 성취감은 자기효능감을 강화하여 행동을 지속하는 원동력이 된다.

우수한 성과를 내는 영업 사원의 행동 패턴을 예로 들어보겠다.

고객이 상품을 구매했다. → 목표 수치를 달성해냈다.

단기간에 성공을 체험한 영업 사원은 행동에 더욱 박차를 가한다. 체험 당시 느낀 기쁨을 다시 맛보고 싶기 때문이다. 자발적으로 바람직한 행동을 취하고 척척 성공을 거둔다. 이른바 '성공의 선순환'인 셈이다.

반면 저조한 성과를 내는 영업 사원은 어떨까.

고객이 상품을 구매하지 않았다. → 초조한 마음에 실수를 저질렀다. → 팀장에게 꾸중을 들었다.

그야말로 '실패의 악순환'이다. 부정적인 결과가 이어지면 행동을 반복할 마음이 사라진다. 이러한 사람을 악순환에서 벗어나게 하려면 어떻게 해야 할까. 성공을 체험시키면 된다. 그러나 실패를 거듭해 심리적으로 위축된 이들이 성과를 거두어 성공을 체험하기란 그리 쉬운 일이 아니다. 그래서 칭찬이 필요하다.

결과나 인성이 아닌 행동을 칭찬하라

칭찬은 효과적인 보상이자 확실한 성공 체험이다. 칭찬을 받은, 즉 성공을 체험한 사람은 성취감을 느끼는 동시에 자기효능감이 높아져 다시 칭찬을 받기 위해 행동을 반복한다. 성공의 선순환에 진입하는 것이다.

그렇다고 해서 무조건 상대를 칭찬하는 건 의미가 없다. 인재 육성에 칭찬이 중요하다는 사실이 알려지면서 '칭찬하기'는 비즈니스 업계에 유용한 방식으로 정착했다. 하지만 행동과학적 관점에서 보면, 방향성을 잘못 설정한 경우가 자주 눈에 띈다. 대표적인 경우가 다음 두 가지다.

- **상대가 낸 '결과'를 칭찬한다.**
- **상대가 가진 '인성'을 칭찬한다.**

---

① 결과를 칭찬할 경우

결과를 칭찬하는 것 자체는 나쁘지 않다. 문제는 결과에만 초점을 맞추고 과정을 무시하는 경우다. 결과란 행동이 차곡차곡 쌓여 도달하는 종착역이다. 결과만 칭찬받으면 우리는 행동을 망설인다. 행동을 반복한다고 다음에도 똑같은 결과가 나오리라는 보장이 없기 때문이다.

영업팀 직원에게 주어진 핀포인트 행동이 '주 2회 단골 거래처 방문'이라고 가정하자. 그렇다면 그가 단골 거래처를 방문하고 올 때마다 "오늘도 방문하고 왔군요. 잘했습니다"라고 행동을 칭찬한다. 그렇다. 당신이 주목해야 할 것은 팀원의 '행동'이다. 행동을 칭찬해야 팀원이 그 행동을 반복한다.

'어떤 행동을 했는지는 상관없고 중요한 건 결과다'라고 생각한다면 당신은 상위 20% 직원에게만 의존하는 무기력한 팀장으로 전락할 게 뻔하다. 행동이라는 과정을 거쳐야 결과가 나온다. 이 순서를 잊지 말기 바란다.

② 인성을 칭찬할 경우

아울러 상대의 인성을 언급하는 것도 금물이다.

"성격이 진취적이군요."
"사교성이 아주 좋아요."
"밝고 활기찬 분위기가 마음에 듭니다."

이런 말은 가볍게 나누는 대화 수준이라면 아무 문제가 없다. 그러나 이런 말을 건넨다고 상대가 결과를 낼 거라고 기대한다면 번지수를 잘못 짚은 것이다. 팀원은 당신의 의도와 다르게 '팀장의 괜한 참견'으로 받아들일 수도 있다. 게다가 인성을 칭찬한다고 팀원이 바람직한 행동을 반복할지도 미지수다. 칭찬의 목적은 팀원이 바람직한 행동을 하도록 만들기 위함이다. 그러므로 행동을 칭찬하자.

인기보다
신뢰를 얻어라

리더가 되기 위해 인격자가 될 필요는 없다

'신뢰받지 못하는 리더는 리더가 될 자격이 없다.'
'팀원의 동기부여 조건을 알아야 한다.'
'팀원은 칭찬으로 키운다.'

이렇게 말하면, 대다수 팀장은 팀원의 호감을 얻어야 한다는 사실에 부담감을 느끼곤 한다. 소심한 팀장은 '혹시 팀원이 날 싫어하는 건 아니겠지?'라는 생각에 하루 종일 신경을 곤

두세운다. 그러다 보면 업무 집중도는 현격히 떨어지고 만다.

최악은 소통한다는 명목으로 필요 이상으로 말을 걸고 상대의 시간을 뺏는 경우다. 틈만 나면 회식 자리를 마련해 참석을 강요하거나 업무 시간에 시시콜콜한 대화를 쏟아내는 팀장은 팀원들에게 기피 대상으로 전락할 가능성이 크다.

"시간도 늦었으니 적당히 마무리하고 어서 퇴근하세요."

"나머지는 내가 대신 처리하겠습니다."

너그러운 인성을 어필한답시고 이런 말을 건네는 팀장도 있는데, 실로 안타까울 따름이다. 완성도 높은 성과를 지향하는 팀원에게 "적당히 해"라는 말은 모욕감만 안겨줄 뿐이다. 그런 팀장은 프로로서 완전히 자격 미달이다.

후자도 마찬가지다. 목표를 달성해 성취감과 자기효능감을 느끼려는 팀원에게 "내가 대신 처리해주겠다"라는 말은 고마움은커녕 반발심만 초래할 뿐이다.

실무자와 관리자의 역할을 두루 잘해야 하는 팀장들의 고충을 이해하지 못하는 것은 아니다. 극도의 스트레스와 과다한 업무로 심신의 피로함을 호소하는 팀장들이 많다. 행동과학 매니지먼트에서는 팀장이 팀원을 매니지먼트하기 위해 '인격자'가 될 필요는 없다고 말한다. 팀원에게 잘 보이려고 공치사를 남발하거나 상냥함을 어필하지 않아도 된다는 이야기다. 물론 너그럽고 인격 바른 팀장이 되면 좋겠지만, 일부러 그렇게 되려고 애쓸 필요는 없다. 그러니 아랫사람의 인기와 호감을 얻어야 한다는 부담감은 내려놓기 바란다.

피드백을 어려워하는 팀장이 급증하고 있다

수많은 팀장이 "팀원에게 어떻게 피드백을 줘야 할지 모르겠다"라고 고민을 토로한다. 그럴 만도 하다. '인구 감소 시대에 모처럼 확보한 인재를 떠나게 해서는 안 된다'라고 강조해 대니 피드백이라고 무심코 한 소리 했다가 그만두면 난감할 것이다. 그러다 보니 팀원이 잘못을 저질러도 흐지부지 넘어가고 제대로 된 피드백을 하지 못하게 된다. 특히 40대 초반 이하 팀장들이 피드백 방법에 대한 상담을 요청하는 경우가 많다.

그런데 이들이 팀원에게 피드백하는 것을 어려워하는 이유는 인기를 얻고 싶다거나, 그만둘까 봐 두려워서가 아니다.

"솔직히 팀장이 되고 싶어서 된 게 아닙니다."

"제가 뭐라고 팀원을 혼냅니까. 그럴 자격도 없고 여유도 없습니다."

물론 예외도 있지만 지금 팀장직을 맡고 있는 사람들 중에는 어쩔 수 없이 팀장이 된 경우도 있다. 인재 부족에 시달리는 경영자들의 고민 중 하나는 팀장직에 앉힐 적임자가 없다는 것이다. 그렇다고 계속 공석으로 남겨놓을 수도 없는 노릇이어서 연차가 쌓인 직원을 팀장직에 올리는 경우가 많다. 자기가 원해서가 아니라 단지 경력이 오래되었다는 이유로 그 자리에 올라간 팀장들은 대부분 직원 육성에 소극적이다.

'내 성과 내기도 버거워 팀원 성과까지 신경 쓸 겨를이 없다.'
'나 자신도 뚜렷한 성과를 내지 못하기 때문에 남을 가르칠 자격이 없다.'

이것이야말로 그들이 피드백을 어려워하는 이유다.

일대일 대화로 신뢰 관계를 형성하라

인격자가 아니라도, 인기를 얻으려 노력하지 않아도 팀원의 신뢰를 얻을 방법이 있다. 이 방법을 터득하면 술자리에서 인간적인 면모를 보여주지 않아도 팀원의 동기부여 조건을 제대로 파악할 수 있다.

그 전에 한 가지 알아둘 것이 있다. 실무자로서의 능력과 관리자로서의 능력은 완전히 다르다. 실무자에게 필요한 기술과 관리자에게 필요한 기술은 별개이므로 어느 한쪽이 부족하다고 해서 다른 한쪽도 서툴 것이라는 건 고정관념에 불과하다. 이 점은 팀장직을 임명하는 인사권자도 반드시 기억해둘 필요가 있다.

지금까지 인간을 행동하게 만드는 '동기부여 조건'과 '신뢰'에 대해 알아보았다. 이는 결국 소통을 하는 목적이었으며, 이를 위해 이제는 '일대일 대화'를 실천해야 한다. 일대일 대화란 팀원을 성장시키고 팀의 성과를 올리는 혁신적인 소통 방법이다.

문제는 시간이다. 현대 직장인들은 소통에 할애할 시간이 턱없이 부족하다. 보고, 제안, 조율 등 비즈니스에 필요한 요소를 위해 따로 회의를 할 여유도 없다. 하지만 걱정하지 말자. 팀장이 팀원의 신뢰를 얻어 동기부여 조건을 파악하고 성과를 내게 만드는 작업은 1분이면 족하다. 그렇다. 딱 1분이다. 이 정도면 누구라도 부담 없이 실천해볼 만하지 않은가.

제4장에서는 일대일 대화를 본격적으로 실천하기 전에 지

금까지 한 회의는 왜 성공하지 못했는지, 성공하는 회의의 규칙은 무엇인지 자세히 알아보도록 하겠다.

1분 요약!

① 돈이나 승진 이외의 동기부여 조건을 이해한다.

② 팀원들의 다양한 동기부여 조건을 파악한다.

③ 성과로 직결되는 행동을 칭찬한다.

④ 소통을 위해 일대일 대화를 실천한다.

⑤ 신뢰 관계를 형성하기 위해 일대일 대화를 날마다 반복한다.

제4장

대화에도 규칙이 있다

팀장의 핵심 임무는 팀원이 회사를 떠나지 않도록 하면서 그들이 성과를 내도록 만드는 것이다. 팀장이 팀원의 업무 만족도를 신경 쓰는 이유는 행동 자발성을 높여 업무 생산성을 향상시키기 위함이다.

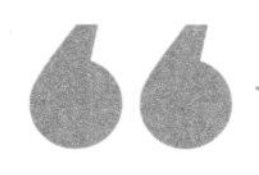

'결과 도출'과 '퇴사 방지'를 모두 완수하려면

노동 인구가 감소하고 있다

팀장과 팀원 사이에 소통이 중요하다는 것은 삼척동자도 다 아는 사실이다. 다만, 달라진 환경에 따라 소통 방법도 달라질 필요가 있다. 요즘 달라진 기업 환경을 요약하면 다음과 같다.

- **급여나 승진만으로는 팀원을 움직일 수 없다.**
- **일과 사생활의 양립을 중시해야 한다.**
- **인구 감소 시대에 팀원 한 명 한 명이 기업의 소중한 자산이다.**

팀원의 다양한 동기부여 조건을 파악해 성과를 올리는 환경을 조성하고 퇴사자 줄이기. 이것이 달라진 환경에 맞춰 팀장이 해야 할 역할이다. 특히 '퇴사 방지'는 기업의 존속을 좌우하는 문제인 만큼 팀장의 최대 과제가 되었다.

이제는 인력을 충원하기가 만만치 않다. 절대적 노동 인구가 감소한 탓이다. 경영진이 탁월한 사업을 구상해내도 정작 그 일을 할 사람이 없어 기획 자체가 무산되는 실정이다. 설상가상으로 잘 다니던 팀원이 그만두기라도 하면 그로 인해 생기는 업무 공백은 기업에 엄청난 손실을 가져다준다. 이런 사태를 방지하기 위해서라도 팀장은 현재 곁에 있는 팀원들을 소중히 여기며 함께 가야 한다.

팀원의 업무 만족도를 잡아라

인구 감소 시대에 팀원 한 명 한 명이 기업의 소중한 자산이라고 말하면 이렇게 묻는 사람이 있다.

"그럼 팀원들이 퇴사하지 않도록 그들의 요구를 전부 수용해야 합니까?"

이는 지극히 단편적인 생각이다. 팀원을 소중히 여기고 회사를 떠나지 않도록 노력한들 그 팀원이 일을 제대로 하지 않는다면 무슨 소용이 있겠는가. 팀장의 핵심 임무는 팀원이 회사를 떠나지 않도록 하면서 그들이 성과를 내도록 만드는 것이다. 팀장이 팀원의 업무 만족도를 신경 쓰는 이유는 행동 자발성을 높여 업무 생산성을 향상시키기 위함이다. 단순히 비위를 맞춰주고 아부를 하라는 게 아니다. 다만, 지금은 성과를 만들 직원 자체가 부족한 상황이므로, '결과 도출'과 '퇴사 방지'라는 두 가지 관점을 모두 염두에 두고 매니지먼트를 해야 한다.

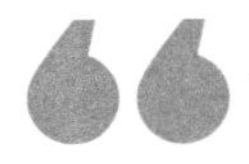

대화의 목적을 잊지 말라

목표와 내용에 집중하라

팀원의 다양한 동기부여 조건에 대응하기 위해 경영진은 '팀장과 팀원 간 대화'를 장려하곤 한다.

"팀장은 팀원이 평소 무슨 생각을 하는지 파악하고 있어야 한다."
"제대로 소통하고 있다면 모를 리가 없다."
"자주 회의하면서 소통하라."

대다수 경영진이 이렇게 말한다. 하지만 대화를 한다고 과연 소기의 목표를 달성할 수 있을지 의문이다. 팀원의 생각을 제대로 파악하라는 건 무엇을 얼마나 파악하라는 뜻일까. 제대로 소통하라는 건 어느 정도 시간을 들여 소통하라는 뜻일까. 구체적인 목표와 내용이 없는 소통은 아무 의미가 없다. 여기에 시간과 에너지 낭비는 덤이다.

정말로 자리가 사람을 만들까

제3장에서 현재 팀장직을 맡고 있는 사람들 중에는 실무자로서 자신감이 부족한데다 본인의 의사와 상관없이 관리자가 된 경우가 많다고 했다. 경영자는 자리를 마냥 비워둘 수 없으니 마땅한 적임자가 없어도 일단은 경력자를 앉혀놓고 본다. 내심 '모름지기 자리가 사람을 만드는 법이다. 지금은 역량이 부족해도 책임 있는 역할을 맡으면 그에 어울리는 모습으로 성장할 것이다'라는 기대감을 갖고 있을지도 모른다.

과연 팀장의 위치에 오르면 자연스럽게 책임감과 업무 능력, 지도력을 갖춘 사람으로 거듭날까. 언젠가 모 기업의 팀장에게 "연차가 쌓인 직원을 팀장으로 승진시키면 마음가짐부터 달라진다"라는 말을 들었다. 유감이지만 그럴 일은 희박하다.

직함이 달라진다고 해서 의식이 덩달아 달라지진 않는다. 설령 마음가짐이 바뀐다 해도, 본래 가지고 있는 지식과 기술이 보잘것없다면 무슨 소용인가. 본질이 미약한데 형식만 갖췄다고 성과를 기대한다면 그야말로 도둑놈 심보가 아닌가. 심지어 '의식이 바뀌었다'는 기준 자체도 모호하다.

팀장과 팀원이 소통을 한다고 무턱대고 대화를 시도하는 것도 마찬가지다. 구체적인 내용과 방향성도 없으면서 '일단 해보면 어떻게든 결과물이 나오겠지'라는 발상은 어리석음 그 자체다. 냉정하게 자문해보자. 그동안 얼마나 많은 날을 무의미한 회의에 허비했는지, 그렇게 시간을 들인 회의가 과연 성과에 도움이 되었는지 말이다.

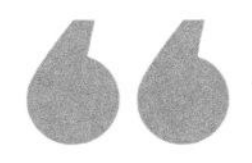

장시간 면담이 효과 없는 네 가지 이유

장시간 면담을 추천하지 않는 이유

대다수 기업이 팀장과 팀원의 소통을 장려한다는 명목으로 정기적으로 실행하는 게 있다. 바로 30분에서 1시간 정도 소요되는 면담이다. 그런데 상담에 능숙하거나 소통 기술이 뛰어난 팀장이 아니라면, 장시간 면담을 추천하지 않는다. 이유는 다음과 같다.

1. 친밀도에 따른 편차

당신이 모든 팀원과 면담을 한다고 가정하자. 팀원 간 친밀도에 따라 면담 분위기는 하늘과 땅 차이이다.

① 친밀도가 높은 경우

평소 자주 소통하는 팀원, 마음이 맞고 대화가 잘 통하는 팀원, 일머리가 좋아 높은 성과를 내는 팀원과 면담을 한다면? 일단 부담이 없다. 오히려 반갑기까지 하다. 당신은 적극적으로 대화를 이끌어갈 것이다. 화기애애한 분위기에서 이야기꽃을 피우다 정해진 시간을 훌쩍 넘길지도 모른다.

면담이 끝난 뒤 당신은 팀원과 허물없이 대화를 나누며 생산적인 시간을 보냈다고 만족할 것이다. 하지만 그건 어디까지나 당신 생각이다. 팀원에게는 따분하고 비생산적인 시간이었을지도 모른다.

'업무를 마치지도 못했는데 팀장에게 붙잡혀 시간을 낭비했네. 별수 없이 내일 아침 일찍 출근해 마무리해야 되겠군.'

당신은 팀원의 시간을 빼앗고 이른 출근까지 하도록 만든 것이다.

② 친밀도가 낮은 경우

평소 자주 소통하지 않는 팀원과는 어떨까. 일단 둘 다 할 말이 별로 없다.

A팀장: 요즘 일하면서 힘든 점이 있나요?

B팀원: 딱히 없습니다.

A팀장: 그렇군요. 앞으로도 수고해주세요.

……

이런 식이다. 따지고 보면, 친하지도 않은 사람들을 조용한 회의실에 밀어 넣고 다짜고짜 속 깊은 대화를 나누라는 것 자체가 코미디다.

많은 팀장이 자신은 팀원들과 골고루 소통하고 있다고 생각한다. 하지만 실상은 그 반대다. 면담에서 기껏 오가는 대화가 회식 자리에나 어울릴 법한 잡담이나 알맹이 없는 내용이라면 차라리 하지 않는 것이 낫다.

2. 효과 없는 접근 방식

종종 이때다 싶어 면담 시간을 지루한 설교의 장으로 전락시키는 팀장도 있다. 그런 사람의 특징은 열정이나 의욕을 운운하며 태도나 마음가짐을 지적한다는 것이다. 상대의 내면에 초점을 맞추다 보니 사용하는 말도 막연하기 짝이 없다.

"앞으로는 더욱 열정을 가지고 업무에 임하세요."
"업무를 대하는 태도가 진지하지 못하니 이런 실수를 저지르는 겁니다."
"이번 달 목표를 달성하지 못했군요. 적극성이 부족해요."

백날 이런 말을 떠들어도 팀원은 '그래서 대체 어쩌라는 거야?'라며 어리둥절할 따름이다. "그럼 제가 무엇을 해야 합니까?"라고 물어보면 돌아오는 답은 "그건 스스로 생각해야죠!"라는 핀잔이 대부분이다.

여기까지 읽은 독자라면 팀원이 해야 할 일을 구체적으로 지시하는 게 팀장의 임무라는 사실을 알고 있을 것이다. 소통은 심리 상담이 아니다. 당신이 심리 전문가도 아니지 않은가. 어설프게 팀원의 내면에 접근해봤자 거부감만 일으킬 뿐이다. 그럼에도 여전히 많은 팀장이 이런 실수를 저지르고 있으니 안타까울 따름이다.

3. 끝없는 동어반복

상대의 내면에 초점을 맞출 때 생기는 부작용은 또 있다. 무슨 말을 해도 똑같은 말이 되풀이되는 무한궤도에 갇혀버린다는 것이다. 이번 달 실적이 저조한 팀원과 대화를 나눈다고 가정하자.

A팀장: 목표치를 달성하지 못했군요. 위기의식이 부족한 건가요?
B팀원: 그렇지 않습니다.
A팀장: 아니라고요? 내가 보기엔 위기의식이 부족해 보이는데요?
B팀원: 왜 그렇게 생각하십니까?
A팀장: 목표치를 달성하지 못했으니까요.
(끝없는 반복)

팀원이 팀장의 말대로 위기의식이 부족했다고 치자. 그렇다고 해서 그게 다음 달 목표치를 달성할 해결책이 되진 않는다. 팀장은 '목표를 달성하지 못했다'라는 말을 '위기의식이 부족하다'라는 표현으로 바꿔 같은 말을 되풀이하고 있다. 이처럼 비슷한 의미를 가진 말로 바꿔 표현하는 것을 '동어반복'

이라고 한다.

대화하는 상대가 동어반복을 시전하면 듣는 사람은 그야말로 죽을 맛이다. 하물며 장시간 면담에서 팀장이 팀원을 붙잡아놓고 동어반복 설교를 늘어놓는다면? 팀원의 근무 의욕은커녕 퇴사 의욕만 부추기는 꼴이다. 문제는 이런 팀장이 너무나 많다는 것이다.

4. 결론 없는 끝맺음

제2장에서 인간이 행동하는 시스템에 관해 이야기했다. 요약하자면, 어떤 행동을 취하려면 선행되는 조건이 필요하고, 그 결과가 긍정적이면 인간은 같은 행동을 반복한다는 것이다.

면담 형식의 소통에서도 이러한 원리가 성립된다. 소통의 결과가 긍정적이지 않다면 인간은 소통해야 할 필요성을 느끼지 못한다. 팀장 입장에서 소통 결과가 긍정적으로 인식되지 않을 상황은 다음과 같다.

'딱히 할 말이 없다.'

'내 메시지가 팀원에게 제대로 전달되지 않는다.'

‘단호하게 지시할 자신이 없다.’

‘당장 처리해야 할 일이 산더미라 면담에 신경 쓸 겨를이 없다.’

……

팀원 입장은 다음과 같다.

‘왜 이런 면담을 하는지 모르겠다.’

‘일방적인 설교를 듣는 게 고역이다.’

‘구체적인 지시 사항이 없다.’

‘면담할 시간에 차라리 내 업무를 하고 싶다.’

……

경영진도 답답하기는 마찬가지다. 소통을 위한 면담을 도입했는데 실적 향상에 아무 변화가 없으니 말이다. 제도를 도입했음에도 결과가 긍정적이지 않다면? 더 이상 지속할 이유가 없다.

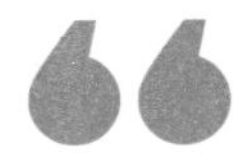

올바른 대화에는 명확한 기준과 성과, 결론이 있다

성공적인 소통을 위한 세 가지 조건

내가 아는 모 외국계 대기업은 대표의 강한 의지로 소통을 위해 면담 형식을 도입했다. 심지어 면담 중에 '코칭' 기법을 활용하라는 지시까지 덧붙였다. 코칭이라는 단어가 낯선 독자를 위해 설명을 덧붙이자면, '적절한 질문을 통해 당사자가 스스로 문제를 해결하도록 가르치는 소통 기술'이다. 즉 코칭에서는 '해답은 자신 안에 있다'고 믿는다.

그렇다면 코칭 기법을 적용한 면담의 결과는 어땠을까. 놀

랍게도 몇몇 직원이 회사를 떠나는 사태가 발생했다. '해답은 자신 안에 있다'라는 코칭 철학을 문자 그대로 해석한 팀장은 팀원에게 다그치듯 질문을 던졌다. 화를 내거나 고함을 친 건 아니지만 팀원이 답을 찾을 때까지 질문 공세가 이어진 모양이었다. 대충 다음과 같은 분위기가 연출되었으리라.

A팀장: 연간 목표치를 달성하려면 2분기에 무엇을 실천해야 한다고 생각합니까?

B팀원: …….

A팀장: 시간을 줄 테니 생각해보세요.

B팀원: …….

A팀장: 아직도 생각 중인가요?

B팀원: ○○에 관한 책 읽기, 남들보다 일찍 출근해 업무에 집중할 수 있는 환경 조성하기 등입니다.

A팀장: 그게 최선인가요?

B팀원: ……네.

A팀장: 그렇군요. 당장 내일부터 B씨가 내놓은 답대로 실천해보세요.

그리고 한 달 뒤 면담 결과를 평가하는 시간이 돌아왔다. 과연 팀장은 제대로 평가할 수 있을까. 일단 팀원은 일의 성과와 아무 관계도 없는 '태도'나 '마음가짐'을 방안으로 내놓았다. 그리고 팀장은 그것을 무조건 적용했다. 효과가 있을지 없을지 확신도 없으면서 말이다. 심지어 평가 기준을 구체적으로 명시하지도 않았다. 이런 경우, 평가 자체가 불가능하다.

그런데도 상부에 평가서를 올려야 하니 팀원이 면담에서 보인 자세를 주관적으로 평가한다. 물론 정확한 수치는 등장하지 않는다. 객관적인 근거가 없으니 팀원은 자신이 정당하게 평가받았는지 의심스럽다. 만일 앞으로도 이런 면담을 지속한다면? 진행 과정과 평가에 대한 불만이 쌓일수록 결국 팀원은 회사를 그만둘 가능성이 크다.

1. 평가 기준은 '행동'이어야 한다

코칭의 효과를 부정하는 게 아니다. 코칭 경험이 많고 소통 기술이 뛰어난 사람이라면 탁월한 효과를 볼 수 있다. 그러나 기업에서 면담을 진행하는 팀장 중에 코칭 전문가가 얼마나 될까. 아마추어에게 프로의 기술을 강요한 것부터가 어불성설이다.

상대를 평가하는 기준은 '정량화'가 기본이다. 쉽게 말해, 평가 기준을 정확한 수치로 표현해야 한다는 뜻이다. 팀장의 임무는 팀원이 핀포인트 행동을 하도록 만들어 성과를 내게 하는 것이다. 그렇다면 평가해야 할 부분, 즉 수치로 측정해 표현하는 부분은 '행동' 그 자체여야 한다.

'남들보다 일찍 출근한다'는 성과로 이어지는 행동이 아니다. 단, 이 행위가 뚜렷한 실적 향상으로 이어지는 핀포인트 행동으로 증명된다면 예외일 테지만 말이다. 그러므로 '노력한다', '의욕을 가진다'와 같은 말도 행동이라 할 수 없다. 애당초 행동을 수치로 나타내지 않았으니 목표에 도달하는 게 불가능하다. 목표에 이르지 못하는데 어찌 성과나 성취감을 얻을 수 있겠는가.

2. 성과는 수치로 나타낼 수 있어야 한다

저조한 성과 때문에 상담을 의뢰하는 기업을 보면, 성과 기준은 고사하고 성과의 정의조차 확립되지 않은 경우가 태반이다. 성과의 내용 자체가 명확하지 않으니 '2·6·2의 법칙', '하위 80% 직원 역량 향상시키기' 등을 설명해도 공감을 얻기 어렵다.

성과를 정의하는 일은 지극히 단순하다. 팀원들의 업무 성과를 수치화하면 된다. 영업팀을 예로 들면, 팀원 개개인이 거래처를 방문한 횟수, 매상을 올린 액수 등을 숫자로 기록하는 식이다.

그렇다면 인사팀, 홍보팀 등 업무 성과를 구체적인 수치로 표현하기 어려운 팀은 어떻게 해야 할까. 기업 매출에 직접적으로 기여하는 팀원들을 얼마나 서포트했는지를 판단할 척도로 '능동적인 접촉 횟수'를 측정하거나, 해당 팀원이 특정 프로젝트에 관여함으로써 고객 신뢰도·만족도가 얼마나 상승했는가를 '입금 금액'이나 '고객 점수'로 측정한다. 설령 눈에 보이는 성과가 미미하더라도 '실수 횟수'를 계산해 이전에 비해 감소했다면 이 또한 성과로 간주한다.

유능한 인재라면, 매출을 간접적으로 지원하는 팀에 속해 있더라도 반드시 수치화가 가능한 성과가 있기 마련이다. 이 점을 간과하면, 성과를 명확하게 수치화할 수 있는 몇몇 팀을 제외하고는 상위 20% 직원의 핀포인트 행동을 하위 80% 직원에게 적용하는 매니지먼트가 불가능할 것이다.

"모든 직원을 2·6·2로 구분하면 하위 80%로 낙인찍힌 직원들은 사기가 저하될 우려가 있습니다."

간혹 이렇게 반론하는 경영자들이 있다. 그들에게 "그럼 귀하의 기업은 어떤 기준으로 직원을 평가하나요?"라고 물으면 돌아오는 답은 "협조성, 적극성, 리더십……" 등이다. 이런 항목은 평가자의 주관성이 개입되기 마련이라 평소 호감 있는 직원을 더 높이 평가할 가능성이 크다.

3. 결정권을 남에게 맡겨선 안 된다

성과에 대한 정의가 불명확한 기업은 회의에 대한 목적도 불명확하다. 일단 덮어놓고 회의를 해보는 식이다. 무엇을 결정해야 하는 경우에도 탁상공론만 하다 결국에는 최종 의사결정권자에게 임무를 위임한다. 이렇다면 애당초 회의를 할 이유가 없다.

개발팀에서 제품명을 정하는 회의가 열렸다고 가정하자. 다수 참가자가 모여 각자 아이디어를 제시하지만, 결국은 '사장님의 결정에 맡긴다'로 끝난다. 더욱 기막힌 사실은 정작 의사결정권자는 바빠서 회의에 출석하지 않는 일이 많다는 것이다.

"일단 여기서 마무리하고, 사장님이 오시면 그때 다시 모입시다."

고작 이런 이야기나 들으려고 바쁜 직원들이 한자리에 모인 건 아니지 않은가.

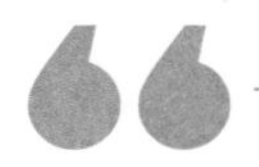

성과를 내기 위해 팀장이 해야 할 일

성과에 따라 상위 20%와 하위 80%를 구분하라

성과의 정의와 평가 기준이 없는 기업, 모든 직원을 하나의 잣대로 바라보는 기업에는 '2·6·2'라는 구분조차 낯설다. 상위 20% 인재에게는 성과를 올리기 위한 소통이 특별히 필요하지 않다. 큰 목표만 알려주면 알아서 잘하기 때문이다.

제2장에서 말했듯, 유능한 인재는 일을 즐겁게 생각한다. 스스로 성취감을 느끼며 열심히 일하니 성과가 저절로 따라온다. '일할 의욕도 충만하고 일 잘하는 노하우도 알고 있으니

불필요한 간섭은 사양한다'라는 것이 그들의 솔직한 마음일 것이다.

하지만 하위 80% 직원은 다르다. 기본적으로 일머리가 부족해 성과가 미비하다. 결과가 신통치 않으니 일할 의욕도 사라지고, 성과는 하향곡선을 그리는 악순환의 반복이다. 팀장이 집중해야 하는 건 하위 80% 직원이다. 그들을 유능한 직원처럼 내버려둬선 안 된다. 그들을 일하게 만들려면 팀장이 나서야 한다. 그렇다면 팀장이 구체적으로 해야 할 행동은 무엇일까. 정리하면 다음과 같다.

---

① 상위 20% 인재의 행동을 분석한다.

② 핀포인트 행동을 하위 20% 직원과 공유한다.

③ 팀원들의 동기부여 조건을 파악해 행동 자발성을 높인다.

④ 행동의 증가 혹은 감소 여부를 측정해 성과를 평가한다.

일대일 대화의 효과는 횟수와 비례한다

일대일 대화는 하위 80% 직원을 성장시키기 위한 소통 기술이다.

"팀원과 매일 소통을 하라고요? 일이 많아 그럴 시간이 없습니다."

안심하기 바란다. 소통에 많은 시간을 들일 필요는 없다. 단 1분이면 충분하다. 중요한 건 시간이 아니라 '횟수'다. 되도록 매일 실행해야 한다. 일대일 대화의 효과는 횟수에 비례한다. 제5장에서 일대일 대화의 구체적인 효과를 알아보겠다.

1분 요약!

① 성과를 정의한다.
② 성과로 직결되는 행동을 정량화한다.
③ 팀원을 성과에 따라 '20%+80%'로 구분한다.
④ 상위 20% 직원은 팀장이 특별히 관여할 필요가 없다.
⑤ 하위 80% 직원과 매일 일대일 대화를 실행해 성과로 직결되는 핀포인트 행동을 촉진한다.

제5장

짧지만 강력한 일대일 대화의 효과

일대일 대화는 결국 정기적 접촉을 통해 팀원을 지도하여 성장시키는 것이다. 팀장은 팀원이 지금 어떤 어려움을 겪고 있는지를 면밀히 파악하고, 이를 해결할 구체적인 방법을 가르쳐 줄 필요가 있다. 이를 위해선 평소 팀원의 행동을 세심하게 관찰해야 한다.

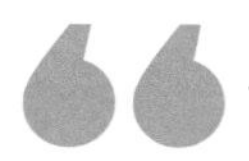

인지 왜곡이 만연한 조직

제5장에서는 직종이나 나이, 성향과 관계없이 누구나 손쉽게 할 수 있는 소통 기술인 일대일 대화를 본격적으로 소개한다. 우선, 요즘은 팀장과 팀원 간 접촉이 턱없이 부족하다는 사실을 기억해두기 바란다. 이 점을 인지하지 못하면, 앞으로 이야기할 기술은 당신에게 아무런 도움이 되지 못한다.

진짜 소통을 하라

회사를 방문해 "팀장과 팀원이 더 자주 접촉해야 합니다"라고 말하면 다음과 같은 반응이 돌아온다.

"이미 하고 있는데요."

그러면서 이렇게 덧붙인다.

"유연근무제다 뭐다 해서 재택근무가 일상화된 요즘에도 우리는 전 직원이 회사에 출근합니다."
"날마다 얼굴을 맞대고 일하고 있습니다."
"실질적인 노하우를 알려주십시오."

대놓고 실망감을 드러내는 사람도 있다. 그럴 만도 하다. 대단한 전문가랍시고 초청한 사람이 고작 소통을 운운하며 뻔한 소리를 해대니 말이다.

대다수 기업이 자신들은 팀장과 팀원이 자주 접촉하며 소통하고 있다고 굳게 믿는다. 그래서 내가 소통을 강조하면 정색하며 항변한다. 하지만 그런 그들도 내가 제안한 방법을 시도하면 얼마 안 가 반응이 달라진다. 기업 문화가 변하고 성과가 달라질 만큼 효과를 보기 때문이다.

인지 왜곡에 주의하라

'우리 조직은 이미 활발하게 소통하고 있다.'

이처럼 주변 상황에 대해 실제와 다르게 해석하는 것을 심리학 용어로 '인지 왜곡'이라 부른다. 현실을 잘못 인식하는 인지 왜곡은 비즈니스 매니지먼트 현장에서 큰 폐해를 초래한다.

제3장에서 소개한 '피드백을 어려워하는 팀장'도 인지 왜곡과 관련이 있다. '나는 성과가 저조하므로 팀원에게 제대로 된 피드백을 할 수 없다'라는 생각은 '유능한 실무자가 아니면 유능한 관리자가 될 수 없다'라는 인지 왜곡의 전형이다.

'왜 팀원에게 감사해야 하는가', '돈과 승진은 모든 직원을 움직이게 만든다'도 현실과 동떨어진 인지 왜곡 사례다. '대대로 계승된 조직 문화는 따르는 게 도리다' 역시 마찬가지다. 조직에 인지 왜곡이 만연해 있으면 새로운 시도는 번번이 제동이 걸리고 만다.

'나는 팀원들에게 신뢰받고 있다.'

'나는 팀원들에게 무시받고 있다.'

'저 팀원은 좀처럼 나와 말을 섞으려 하지 않는다. 나를 싫어하는 게 틀림없다.'

'서로 친해지는 데는 술자리만 한 게 없다.'

'팀원을 칭찬하면 팀장인 나를 만만하게 볼 것이다.'

'조직에서 튀어봤자 좋을 거 하나 없다.'

……

이처럼 조직 생활을 하다 보면 수많은 인지 왜곡을 경험하게 된다. 중요한 건 이런 생각이 들었을 때, 인지 왜곡임을 깨닫고 말끔히 털어버리는 것이다.

모두에게 부담 없는 일대일 대화

원리가 단순해야 행동을 반복한다

내가 제안하는 일대일 대화는 지극히 단순하다. 너무 단순해서 '아이한테나 쓰는 방법 아닌가?' 하는 생각이 들 정도다. 인간은 본능적으로 복잡하고 어려운 걸 싫어한다. 그걸 행동으로 옮기는 건 더 싫어한다. 인간의 행동 원리가 단순해야 하는 이유다.

실제로 일대일 대화는 아이에게도 적용할 수 있다. 아이와 어른 모두 인간이기 때문에 행동 원리에 차이가 없다. 실제로 행동과학 매니지먼트는 비즈니스뿐 아니라 육아나 교육 현장에서도 유용하게 활용된다.

제2장에서 인간이 행동하는 시스템을 설명하면서 ABC 모델(선행 조건-행동-결과)을 언급한 바 있다. 세 요소를 컨트롤하면 인간은 스스로 행동을 취하고, 나아가 행동을 지속해 나간다.

---

① **행동하고 싶어지도록 선행 조건을 컨트롤한다.**

② **행동하기 쉬워지도록 행동을 컨트롤한다.**

③ **행동한 결과가 당사자에게 긍정적으로 인식되도록 결과를 컨트롤한다.**

이것이 바로 행동과학 매니지먼트에서 제안하는 '행동을 지속하는 기술'의 핵심이다. 도움이 되지 않는 행동을 멈추는 방법도 간단하다. 반대로 컨트롤하면 된다. 그렇다. 매니지먼트는 무조건 단순해야 한다. 인간은 귀찮은 걸 싫어하는 존재이니까.

날마다 부담 없이 소통하라

팀장과 팀원이 날마다 부담 없이 소통한다. 이것이 내가 제안하는 일대일 대화의 포인트다. 면담 시간이 길어지면 아무래도 팀장이 가진 연륜과 기술에 따라 효과가 좌우되기 마련이다. 하지만 일대일 대화는 그럴 걱정이 없다. 일대일 대화는 거창한 면담 형식이 아니라 일상에서 날마다 행하는 습관과 같기 때문이다.

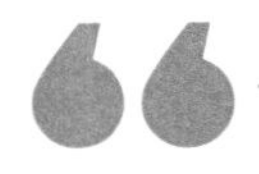

행동과 가치관을 파악할 수 있는 일대일 대화

일대일 대화의 목적은 정기적 접촉이다

일대일 대화의 목적은 팀원과 접촉 횟수를 늘리고 이를 정량화시키는 데 있다. 여기서 말하는 '접촉'은 팀장과 팀원이 직접 얼굴을 마주 보며 대화하는 것을 의미한다. 많은 팀장이 '나는 팀원과 충분히 접촉하고 있어'라고 생각한다. 그런데 정작 팀원에게 물으면 정반대 이야기를 하곤 한다.

팀장과 팀원의 현실 판단이 다르다면, 팀장이 자기 본위로 상황을 인식했을 가능성이 크다. 팀장의 소통 방식에 불만이 있더라도 위계질서상 팀원이 이에 대해 문제를 제기하기 어렵기 때문이다. 그로 인해 팀장은 착각을 사실이라고 더욱 믿게 된다. 인지 왜곡이 발생하는 것이다.

인지가 왜곡된 팀장은 팀원의 행동을 제대로 파악하기 어렵다. 팀원이 취하는 행동이 성과를 내는 행동인지 아닌지조차 구별하지 못하는 팀장이라면 팀원을 지도할 자격이 없다.

접촉을 통한 업무 관리와 인재 육성

팀장은 왜 팀원과 대면 접촉을 늘려야 할까.

---

① **팀원이 무슨 행동을 하고 있는가.**
② **팀원이 앞으로 무슨 행동을 할 예정인가.**
③ **팀원이 성과를 올리는 행동을 취하는 데 애로 사항은 없는가.**

위의 사항을 면밀히 관찰하기 위해서다. 대면 접촉이 늘어날수록 신뢰 관계도 형성되기 쉽다. 참고로 대면 접촉에는 두

가지 종류가 있다. '업무 진척 상황 관리'와 '팀원 육성'이 그것이다.

매일 얼굴을 맞대며 일하는 팀장과 팀원이라도 팀장에 대한 신뢰도가 낮을 때가 있다. 평소 둘 사이 접촉이 업무 진척 상황을 관리하는 목적으로만 진행되었을 경우다. 특히 팀원과 자주 접촉한다고 주장하는 팀장 중에 이런 사례가 많다.

실제로 여러 기업에 설문조사를 해보니 흥미로운 결과가 나왔다. '팀원과 자주 접촉하고 있습니까'라는 질문에 긍정적으로 답한 팀장은 10명 중 6명꼴로 절반 이상을 차지했다. 하지만 팀원에게 '팀장과 자주 접촉하고 있습니까'라고 질문했더니 부정적인 대답이 과반수였다. 그렇게 생각하는 이유로 '팀장이 업무에 관해 아무런 조언도 해주지 않는다'라고 답한 사람이 상당히 많았다. 현실이 이런데도 많은 팀장이 팀원을 지도하는 데 아무런 문제가 없다고 믿는다. 그들 밑에서 일하는 팀원이 팀장을 얼마나 신뢰할지 의문이다.

일대일 대화를 통해 팀원의 행동을 관찰하라

일대일 대화는 결국 정기적 접촉을 통해 팀원을 지도하여 성장시키는 것이다. 팀장은 팀원이 지금 어떤 어려움을 겪고 있는지를 면밀히 파악하고, 이를 해결할 구체적인 방법을 가르쳐 줄 필요가 있다. 이를 위해선 평소 팀원의 행동을 세심하게 관찰해야 한다. 하지만 이를 실행하는 팀장은 찾아보기 힘들다.

자기 일도 열심히 하면서 팀원들을 잘 관찰해 문제점을 파악하라고 하면 많은 팀장이 깊은 한숨부터 내쉰다. 이해한다. 당장 내 발등에 떨어진 불을 끄는 것도 힘든데 팀원까지 가르쳐야 하니 어렵고 부담스러울 것이다. 안심하기 바란다. 일대일 대화는 당신이 짊어진 부담을 한층 덜어줄 테니 말이다.

접촉은 상대방을 알 수 있는 기회다

팀원의 가치관, 즉 동기부여 조건을 파악하라고 하면 고난도의 과제를 부여받은 것처럼 잔뜩 긴장하는 팀장이 많다. 하지만 팀원과 접촉하는 횟수를 늘리면 이는 자연스럽게 해결된다.

당신은 팀원이 중요하게 여기는 보상이 무엇인지 제대로 알고 있는가. 팀원의 가치관이 무엇인지 알면, 말 한마디로 그들을 움직이게 만들 수 있다. 반대로 생각해보면, 팀원을 위한답시고 당신이 격려와 조언을 아무리 해도 항상 효과를 보지 못할 수도 있다는 뜻이기도 하다.

출세 지향적인 팀원에게 "가족과 지내는 시간도 소중하니 가급적이면 정시에 퇴근하도록 하세요"라고 충고한들 쓸데없는 잔소리에 불과하다. 반면, 사생활을 중시하는 팀원에게 "조금만 더 노력하면 내년에 팀장으로 승진할 수 있습니다"라고 격려해도 시큰둥한 반응만 돌아올 테고 말이다.

요즘 세대는 '이 회사는 나를 제대로 알아주지 않는다'라는 생각이 들면 언제든지 사표를 쓸 준비가 되어 있다. 앞으로는 직원이 한 명 그만둘 때마다 빈자리를 채우기가 더 어려워질 것이다. 그 피해는 고스란히 팀원과 팀장에게 돌아온다. 이런 일이 늘어나면 조직 전체가 흔들릴 수도 있다. 기업이 직원 관리에 사활을 걸어야 하는 이유다.

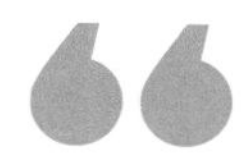

신뢰가 쌓이는 일대일 대화

친밀도를 높이고 싶다면 자주 만나라

'자이언스 법칙'이라는 게 있다. 미국의 심리학자 로버트 자이언스(Robert Zajonc)가 제창한 것으로, 요약하면 낯설고 어색한 상대라도 접촉 횟수가 늘어나면 친근감이 생기고, 인간적인 면을 볼수록 호감도가 올라간다는 뜻이다.

'영업 사원이 계약을 따내려면 고객을 방문하는 횟수를 늘려야 한다.'

'고객에게 사적인 이야기를 하면서 인간적인 모습을 보여 줘라.'

이는 비즈니스 업계에서 익히 알려진 상식으로, 여기에는 자이언스 법칙이 고스란히 담겨 있다. 자이언스 법칙은 영업에서만이 아니라 매니지먼트에서도 유용하다. 요컨대 팀장과 팀원 간 접촉 횟수가 늘어나면 서로 친근감이 생기고 신뢰 관계가 형성된다는 이야기다.

팀장을 신뢰하지 않는 팀원은 일하다 문제에 봉착했을 때 솔직한 속내를 털어놓기 어렵다. 결국 문제를 제대로 해결하지 못한 채 일을 진행하다 사태를 더욱 악화시켜 더 큰 피해를 초래하기 일쑤다. 반대의 경우도 마찬가지다. 팀장이 팀원을 신뢰하지 않으면, 적절한 타이밍에 구체적인 행동 지침을 내려 성과를 올리게 할 마음이 들지 않는다.

신뢰를 쌓는 일에 왕도는 없다

많은 팀장이 팀원과 어떻게 신뢰를 형성해야 하는지 고민한다.

"단기간에 신뢰 관계를 쌓을 필살기는 없나요?"

"술자리에 불러 사적인 대화를 나눠볼까요?"

"제 옆으로 자리를 배치하면 자연스럽게 가까워질까요?"

팀원의 신뢰를 얻을 구체적인 방법을 묻는 사람들에게 나는 이렇게 되묻는다.

"당신은 날마다 팀원과 대화를 나누고 있습니까?"

안타깝게도 그렇다고 대답하는 사람은 거의 없다. 평소 말도 잘 섞지 않으면서 어느 날 갑자기 "힘든 일 있으면 속 시원히 말해주세요", "○○씨의 진짜 마음이 뭡니까?" 하고 묻는다고 팀원이 흔쾌히 속내를 털어놓을 리 만무하다.

1분 요약!

① 인지 왜곡에 주의한다.

② 일대일 대화로 팀원의 행동과 가치관을 파악한다.

③ 일대일 대화를 정기적으로 실시해 신뢰를 쌓는다.

제6장

모두가 성장하는 일대일 대화

대부분의 팀장은 사소한 업무 관련 대화를 나눌 때도 팀원과 눈을 맞추려는 노력을 하지 않는다. 그들은 시선을 외면당할 때마다 팀원이 자신의 존재를 부정당했다고 여긴다는 사실을 알지 못한다. 말할 때는 상대의 눈을 바라보자. 이것만으로도 팀원의 행동이 몰라보게 달라진다.

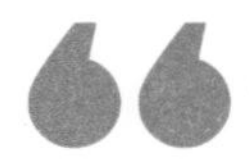

Step ① 일대일 대화를 습관으로 만들어라

제4장에서 일대일 대화의 효과에 대해 알아보았다. 이제는 일대일 대화를 하는 방법에 대해 이야기하려고 한다.

일대일 대화는 다짐이 아니라 시스템이다

일대일 대화는 단순한 슬로건이 아니다. 사내 시스템으로 도입해야 할 제도다. '팀원과 접촉 횟수를 늘려야 한다는 사실을 깨달았으니 이제부터 대화를 자주 나누도록 노력하겠다'

라는 다짐만으로는 부족하다. 확실한 행동 지침을 가지고 지속적으로 실행한 후 반드시 내용과 결과를 구체적인 수치로 기록해야 한다. 이유는 간단하다. 그렇게 하지 않으면 실행을 안 하기 때문이다.

"팀원과의 접촉 횟수를 늘리자"라고 말하면 팀장은 자신이 편하게 생각하는 팀원과만 접촉 횟수를 늘린다. 팀장이 편하게 생각하는 팀원은 일 잘하는 상위 20% 직원인 경우가 많다. 그렇다면 나머지 80% 직원은 어떻게 될까. 극단적으로 말하면, 팀장에게 방치된 채 무기력하게 자리만 지킬 가능성이 크다. 노동 인구가 급감하고 있는 시대에 80% 직원이 성장을 멈춘 기업의 앞날은 안 봐도 뻔하다. 일 잘하는 소수 직원만 챙긴다고 되는 시대가 아니다.

누구와 몇 번 대화를 했는지 기록하라

아울러 일대일 대화는 제도로 도입하는 것 이외에도 정량화하여 수치를 측정하는 게 중요하다. 무엇을 측정하는가 하면 바로 '실행 횟수'다.

'일대일 대화를 누구와 몇 번 했는가.'

팀장은 이것을 꼼꼼히 체크한 후 문서로 기록해야 한다. 수치 측정은 행동과학 매니지먼트에서 반드시 필요한 작업이다. '얼마나 실행해야 효과를 보는가'를 확실히 파악하기 위해서다. 수치상으로 행동을 표시하면, 그것이 곧 당사자에 대한 보상이 된다는 장점도 있다. 하루하루 데이터로 쌓여가는 수치가 강력한 동기부여 조건으로 작용해 행동을 지속시킨다는 뜻이다.

다이어트를 할 때 날마다 체중을 측정해 기록하면, 조금씩 목표치를 향해 줄어드는 수치를 보며 스스로 동기부여가 되어 더 열심히 다이어트를 하는 것과 같은 이치다. 따라서 일대일 대화를 지속한다는 목표를 세웠다면 실행 횟수를 반드시 측정하자.

꾸준한 행동은 습관으로 이어진다

꾸준히 지속한 행동은 습관으로 자리 잡는다. 행동과학 매니지먼트에서는 '특정 행동을 3개월간 지속하면 습관화된다'고 본다. 그러니 일대일 대화를 3개월간 꾸준히 지속해보자.

그렇다면 왜 습관화를 해야 할까. 팀원 입장에서 보면, 날마다 일대일 대화를 하면서 팀장의 피드백을 정기적으로 얻게 된다. 이 피드백이 보상으로 작용해 성과로 직결되는 행동을 지속하게 되고, 결국 습관으로 정착된다. 팀장 입장에서 보면, 습관화해야 하는 이유는 더욱 간단하다. 습관이 되지 않으면 실행하기 어렵기 때문이다.

'○○씨는 좀 껄끄러운데…….'
'피곤한데 오늘은 그냥 건너뛸까?'

이런 식으로 차일피일 미루다 보면 결국 아무것도 달라지지 않는다. 힘들더라도 정해진 시각에 정해진 시간 동안 실행해 행동을 측정해야 한다. 꾸준히 지속해 일단 습관으로 자리 잡으면, 이후에는 모든 게 알아서 굴러간다. 상대가 불편해도, 몸이 피곤해도, 할 일이 산더미처럼 쌓여 있어도 일단 습관으로 정착되면 몸이 저절로 움직인다. 오히려 하지 않으면 마음 한구석이 찜찜해 못 견딜 정도다.

3개월, 딱 3개월이다. 우선 '3개월간 지속하기'를 목표로 시작해보자.

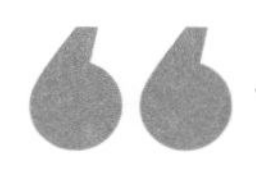

Step ② 매일 1분을 목표로 삼아라

매일 한 명씩 단 1분만

일대일 대화의 핵심은 모두가 부담이 없어야 한다는 것이다. 그래서 '1분'이다.

- **팀원의 행동을 파악한다.**
- **팀원의 가치관을 확인한다.**
- **신뢰 관계를 구축한다.**

이 많은 걸 1분에 어떻게 다 하나 싶겠지만 걱정할 필요 없다. 일대일 대화에서 필요한 건 어디까지나 '행동 파악'이다. '가치관 확인'이나 '신뢰 관계 구축'은 일대일 대화를 하는 와중에 자연스럽게 생겨나는 것이니 따로 시간을 할애할 필요가 없다.

일대일 대화를 하기에 앞서 타이머로 1분을 설정한다. 대화 도중이라도 1분이 경과하면 무조건 종료한다. 시간을 엄격하게 지키지 않으면 결국 호감 가는 팀원과는 길게, 관심 없는 팀원과는 짧게 대화를 하는 등 편차가 생기고 만다. 그러면 일대일 대화의 효과를 보기 어렵다. '모든 사람과 동등하게 1분'을 기본으로 삼기 바란다.

그렇다면 일대일 대화는 얼마나 자주 해야 할까. 휴일을 제외하고 '매일' 해야 한다. 단, 처음에는 날마다 하는 것이 부담스럽게 느껴질 테니 '주 1회'부터 시작해도 괜찮다. 팀원이 5명이라면 월요일부터 금요일까지 하루에 한 명씩 하는 식으로 말이다.

첫 목표는 작고 쉽게 설정하라

매일 모든 팀원과 대화하는 것이 까마득한 과제처럼 느껴질 수도 있지만 '일주일에 한 명씩 1분'이라는 조건을 달면 마음의 짐이 줄어들 것이다. 일단 습관화만 되면 이후에는 자연스럽게 일대일 대화를 실행하게 된다.

'계통적 탈감작요법'이라는 게 있다. 처음부터 큰 목표를 지향하기보다 작은 목표를 단계별로 달성해나가면서 최종적으로는 큰 목표에 도달하는 방법이다. 지나치게 거창한 목표를 세우면 부담감만 커져 시작도 못하고 포기할 가능성이 크다. 반면, 큰 목표를 분해해 작고 쉬운 목표로 나누면 부담도 적고 실행하기도 쉽다.

처음부터 '매일 모든 팀원과 대화하기'를 실행하지 않아도 괜찮다. '일주일에 한 번, 팀원 한 명과 대화하기'처럼 쉬운 단계부터 시작해보자.

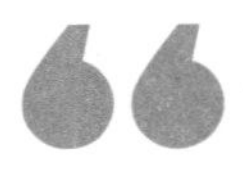

Step ③ 장소는 어디든 상관없다

어디든 상관없으니 정해진 장소에서 실행하라

'일대일 대화'라고 하면 개별 심층 면접을 떠올리는 사람이 많다. 말끔하고 건조한 회의실에서 팀장과 단둘이 마주 앉아 심도 깊은 대화를 나누는 긴장감 넘치는 상황 말이다. 그러나 일대일 대화는 이보다 훨씬 격식이 없고 소탈하다.

장소는 어디든 상관없다. 단, 매일 정해진 장소에서 실행하는 것이 좋다. 그래야 습관화가 되기 때문이다. 시간도 정해진 시간이라면 상관없지만, 개인적으로 '오전 업무 시작 직전'

을 추천한다.

팀원이 출근해 자리에 앉아 있으면, 팀장이 다가가 가볍게 말을 건넨다. 거창한 말을 하지 않아도 된다.

"좋은 아침! 오늘 일정이 어떻게 되나요?"

이런 식으로 딱 1분이면 된다. 간단한 일상 대화 수준이므로 따로 회의실을 마련할 필요도, 자료를 준비할 필요도 없다. 만일 사무실에 공간 여유가 있다면 입식 테이블을 준비하는 것도 좋다.

한 가지 더! 주변 사람들에게 말소리가 들려도 상관없다. 내밀한 사적 이야기를 나누는 것도, 극비 프로젝트에 대한 대화를 나누는 것도 아니니까.

일대일 대화는 '보고'가 아닌 '소통'이다

'1분 정도 가볍게 대화 나누기.'

어떤가. 이 정도라면 용기를 내볼 만하지 않은가.

'팀장이 팀원에게 먼저 다가가는 건 위신이 떨어진다'라고 생각하는 팀장이 있다. 인지 왜곡의 전형적인 사례다. 이런 모습은 지위나 연배가 높은 관리직들에게서 쉽게 찾아볼 수 있다. '내가 팀장에게 먼저 보고하는 게 당연하다'라고 생각하는 팀원도 상당히 많다. 그 결과, 팀장과 팀원의 소통은 점점 요원해진다.

인지 왜곡을 버리고 부딪혀보라. 그러지 않으면 현실을 바꿀 기회는 영영 오지 않는다. 게다가 그 방법은 결코 어렵지 않다.

Step ④ 상대의 이름을 부르고 눈을 맞춰라

이름을 부르면 인정 욕구가 충족된다

평소 팀원의 이름을 부르는 건 팀장이 가져야 할 기본 태도다. 비단 일대일 대화에 국한된 말이 아니다. “팀원과 충분히 접촉하고 있다”라고 항변하는 팀장 대다수가 팀원의 이름을 부르지 않는다고 한다. ‘마음에 들지 않는 팀원은 굳이 이름을 불러줄 이유가 없다’는 심보일까. 그렇다면 이 또한 인지 왜곡이다.

처음에는 탐탁지 않은 태도로 내 제안을 받아들인 팀장도 일단 팀원의 이름을 부르기 시작하면 달라진 변화를 체감한다. 무엇보다 팀원에게 상담을 요청받는 횟수가 눈에 띄게 많아진다.

왜 이런 변화가 생길까. 팀원의 인정 욕구가 충족되었기 때문이다. 요즘 세대는 인정받고자 하는 욕구가 무척 강하다. 그들이 틈만 나면 온갖 정성을 들여 사진이나 글을 SNS에 올리는 이유가 뭐라고 생각하는가. 그런다고 월급이 오르는 것도, 보너스를 받는 것도 아닌데 말이다. '좋아요'를 받기 위해서다. 그게 전부다. 그들이 받는 '좋아요' 수만큼 인정 욕구가 충족된다는 이야기다.

결과가 아닌 '행동'과 '존재'를 인정하라

일반적으로 인정 욕구는 세 가지, 즉 결과와 행동, 존재로 나뉜다. 결과 인정 욕구를 비즈니스에 적용하면 업무 결과(성과)에 대한 인정 욕구다. 직원들의 결과 인정 욕구를 충족시키기 위해 기업이 일반적으로 실행하는 방법이 칭찬이다. 다시 말해, 결과(성과)를 칭찬하는 것이다.

반면, 행동과학 매니지먼트에서는 행동과 존재 인정 욕구에 초점을 맞춘다. 행동 인정이란, 말 그대로 행동 자체를 인정해주는 것이다. 팀원이 핀포인트 행동(방문 횟수나 매일 수행하는 업무)을 했다면 당신은 결과와 무관하게 행동 자체를 칭찬해주면 된다.

존재 인정이란 존재 자체를 인정해주는 것으로, '하위 20% 직원을 성장시키는 데 효과적이다. 특히 존재 인정은 성과가 구체적인 수치로 드러나지 않는 팀에서 큰 효력을 발휘한다. 앞서 토털 리워드를 설명할 때 언급했듯 '○○씨가 큰 도움이 됐습니다', '○○씨가 있어줘서 감사해요'처럼 존재 자체를 인정해주는 말은 팀원들을 자발적으로 움직이게 만드는 동기부여 조건으로 작용한다.

눈맞춤은 존재 인정 욕구를 충족한다

참고로 상대의 이름을 불러주는 것만으로도 존재 인정 욕구가 충족된다. 일대일 대화를 할 때 상대의 이름을 부르라고 강조하는 이유다. 상대와 눈을 맞추며 말하기도 마찬가지다. 그동안 여러 기업을 다니며 업무 현장을 관찰한 결과, 팀원과 눈을 맞추며 이야기하는 팀장이 의외로 드물었다.

"일을 다 끝냈다고? 거기 두고 가게."

“아까 내가 지시한 일, 어디까지 진행됐지?”

“그럼 다음 단계로 넘어가지.”

대부분의 팀장은 사소한 업무 관련 대화를 나눌 때도 팀원과 눈을 맞추려는 노력을 하지 않는다. 그들은 시선을 외면당할 때마다 팀원이 자신의 존재를 부정당했다고 여긴다는 사실을 알지 못한다. 말할 때는 상대의 눈을 바라보자. 이것만으로도 팀원의 행동이 몰라보게 달라진다.

Step ⑤ 오늘 업무에 초점을 맞춰라

대화의 첫 시작은 '일정 확인'이다

자, 그렇다면 일대일 대화를 할 때 무슨 말을 하는 것이 좋을까. 일대일 대화의 목적은 팀원의 행동을 파악하는 것이다. 그러므로 대화의 주제는 '오늘의 업무 일정 확인'이 되어야 한다. 팀원에게 다가가 "오늘 처리할 일은 뭔가요?" 하고 가볍게 물어보자. 일정을 확인했다면 자연스럽게 대화를 이어간다. 모처럼 대화의 물꼬를 텄으니 비록 1분이라는 짧은 시간이지만 함께 나누는 대화를 즐기기 바란다.

팀원의 반응이 부정적일 수도 있다

하위 20% 직원에게는 일정을 확인하는 질문조차 하기 힘들다는 팀장도 있다. 일 처리도 늦고 성과도 저조한 직원은 평소 팀장의 긍정적인 피드백을 받는 일이 드물다. 때문에 "오늘 처리할 일은 뭔가요?"와 같은 흔한 질문조차 지적으로 받아들여 방어적인 태도를 보이기 십상이다. 팀장도 인간인지라 팀원이 시큰둥하게 반응하면 마음이 좋지 않다. 결국 점점 서로를 피하게 되고, 둘은 계속 평행선을 걷게 된다. 서로 '괜히 건드려봤자 좋을 것 없다'라고 인식해버리는 것이다.

심지어 팀장의 질문에 "일정표에 적혀 있잖아요!"라며 감정적으로 반응하는 팀원도 있다. '행동의 결과가 부정적이면 인간은 행동을 반복하지 않는다'라는 행동 원리에 비추어볼 때, 팀장은 행동을 멈춘다. 기껏 대화하려고 다가갔더니 쌀쌀맞은 반응을 보인다면 '앞으로 ○○씨는 신경 쓰지 않는 게 좋겠어'라고 여길 테니 말이다.

꾸준한 접촉이 벽을 무너뜨린다

그렇지만 당신은 계속 시도해야 한다. 접촉 횟수가 축적될

수록 신뢰 관계가 굳건해진다. 이것이 상대가 어떤 반응을 보이든 당신이 꾸준히 행동해야 하는 이유다. 행동을 반복한 끝에 팀원과 신뢰 관계를 쌓아 실적을 향상시킨 사례는 얼마든지 있다.

하위 80% 직원의 업무 능력을 끌어올리고 싶은가. 그 첫 걸음은 일대일 대화를 습관화해 소통을 이어나가는 것이다.

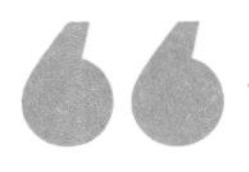

일대일 대화에서 이것만은 금지

칭찬도 꾸중도 '행동'에 대해서만

지금까지 설명한 일대일 대화의 포인트만 제대로 실천한다면, 남은 시간은 자유롭게 대화를 이어가면 된다. 핵심은 팀원과의 접촉을 반복하는 행위 자체다. 그것이야말로 팀장과 팀원이 신뢰 관계를 구축하는 비결이다.

잘한 점이 있으면 확실히 칭찬하자. 단, 칭찬할 때는 행동에 초점을 맞추자. 인성을 칭찬하는 것 자체는 나쁘지 않으나, 아무리 좋은 말이라도 인성을 거론하면 칭찬의 의도가 왜곡

될 소지가 있다. 꾸중할 때도 마찬가지다. 잘못된 행동 자체가 아닌 인성을 지적한다면 팀원은 스스로를 부정당한 듯한 모멸감을 느낄 수도 있다.

부정적 행동에는 반응을 생략하라

바람직하지 않은 행동을 하지 않도록 이끄는 것도 일대일 대화의 목표 중 하나다. 이때 팀장이 익혀두면 유용한 팁을 알려주겠다. 일대일 대화를 하면서 팀원에게 앞으로 할 행동을 물어본다. 만일 팀원이 말하는 행동 계획 중에 성과로 이어지지 않는 행동이 있다면? 일절 호응하지 마라. 예를 들어, 팀원이 중요도나 긴급도가 낮은 행동을 당일에 처리하겠다고 대답했다.

"다음 달 기획에 대해 좀 더 깊이 조사해보고자 합니다."

팀장이 보기에 그것이 성과로 직결되는 사안이 아니라면 "잘해보세요"와 같이 긍정적인 격려는 물론, "그렇군요"와 같이 별 뜻 없는 동조를 해서는 안 된다. 이럴 때는 "그밖에 다른 건 없나요?" 하고 쓱 흘려버려라. '부정'이 아니라 '생략'하는 것이다.

팀원의 말에 "하지 마라", "해봤자 소용없다"와 같이 부정적으로 반응하면 당장은 그 행동을 하지 않는다. 그러나 일주일만 지나면 팀원은 그 행동을 반복할 가능성이 크다. 왜일까. 인간의 인정 욕구 때문이다.

팀장의 반응이 팀원의 행동을 만든다

---

① 결과를 내지 못하면 결과 인정 욕구가 충족되지 않는다.
② 결과를 내지 못하는 건 성과로 이어지는 행동을 하지 않아서다. 그러므로 행동 인정 욕구도 충족되지 않는다.
③ 결과도 내지 못하고 행동도 하지 않는 팀원은 존재감이 낮아진다. 그러므로 존재 인정 욕구도 충족되지 않는다.

인정 욕구에 굶주린 팀원은 팀장이 내리는 부정적인 평가에도 의미를 부여하기 시작한다. 내용은 중요하지 않다. 팀장이 자신에게 반응을 보였다는 것 자체가 중요하다. 자신의 존재를 인정해주었으니까. 요컨대 존재를 인정받고 싶어 부정

적인 행동을 반복한다는 이야기다. 그러니 바람직하지 않은 행동에는 무반응으로 일관하는 게 상책이다.

"그건 잘못되었으니 하지 마라!"와 같이 부정하지 말고, "그밖에 다른 건 없나요?" 하고 무심히 넘겨버려라. 이것을 행동과학 매니지먼트에서는 '행동의 삭제'라고 부른다. 과도하게 반응할수록 행동이 늘어날 수 있음을 명심하기 바란다.

일대일 대화는 팀장도 성장하게 한다

일대일 대화로 보고·제안·조율까지

"일대일 대화에서 '보고·제안·조율'이 이루어지나요?"

이런 질문을 하는 팀장이 있다. 물론, 1분이라는 시간에 이 모든 게 포함되어도 상관없다. 그러나 일대일 대화의 목표는 소통 그 자체다. 보고·제안·조율은 이와 별개다. 애당초 이를 위해 시간을 따로 설정할 필요가 있는지 의문이다. 근무 중에 필요에 따라 행하면 되는 것 아닌가. 문제는 필요할 때마다 수

시로 하기가 어렵다는 데 있다. 팀장과 팀원이 근무 중에 소통할 일이 그만큼 적기 때문이다.

"보고·제안·조율을 하지 않는다."
"1일 보고를 하지 않는다."
"일정을 지키지 않는다."
"의욕이 느껴지지 않는다."
"지시를 무시한다."
"돌연 회사를 그만둔다."

이와 같이 팀원에 대해 불만을 토로하는 팀장이 적지 않다. 그러나 이런 불만은 접촉 횟수를 늘려 신뢰 관계를 쌓으면 대부분 해결되는 문제다. 일대일 대화를 습관화하면, 따로 기회를 만들지 않아도 근무 중에 보고·제안·조율이 자연스럽게 이루어진다. 이것이야말로 이상적인 조직의 모습이 아닐까.

인지 왜곡에서 벗어나 적극적인 자세를 가져라

팀원에게 다가가 이름을 부르고 눈을 맞추며 오늘 일정을 물어본다. 일대일 대화에서 팀장이 해야 할 일이라곤 이것이

전부다. 너무 간단해서 방법이라고 말하기도 민망할 정도다. 행동과학 매니지먼트가 아이에게나 사용할 법한 기술이라고 오해할 만하다.

그러나 한번 되돌아보기 바란다. 당신은 이런 행동을 하고 있는가. 스스로 팀원에게 다가가 이름을 부르고 눈을 맞추며 오늘 할 일을 물어보는 것! 말로는 참 쉽다. 그런데 이런 쉬운 행동조차 하지 않는(못하는) 팀장이 태반이다.

인지 왜곡을 깨닫고 행동을 반복한다면 결과는 저절로 따라온다. 이를 위해 팀장도 자신의 행동을 측정하고 수치화할 필요가 있다.

'하루 중 몇 번이나 팀원에게 다가갔는가?'
'하루 중 몇 번이나 팀원의 이름을 불렀는가?'
'하루 중 몇 번이나 팀원의 눈을 바라보았는가?'

일대일 대화와 상관없이 이런 행동을 하루에 몇 번이나 했는지 체크해서 기록해보자. 하루 1회라도 괜찮다. 횟수를 점점 늘려나가는 것을 목표로 삼는다면, 목표에 근접할 때마다 성취감을 느끼며 습관화로 이어질 것이다.

성장의 선순환을 만드는 일대일 대화

접촉 횟수가 늘어날수록 신뢰 관계가 형성되고, 팀장은 팀원의 행동과 가치관을 파악하게 된다. 인정 욕구 및 동기부여 조건이 충족된 팀원은 점점 성과를 올려 팀, 더 나아가 기업 전체의 성과에 공헌한다.

이는 팀원의 성과인 동시에 팀장의 성과이기도 하다. 팀원의 성과가 올라갈수록 팀장도 성취감과 자기효능감을 느낀다. 그 결과, 팀장은 팀원과 더 자주 접촉하게 된다. 이러한 선순환에 들어서면, 조직은 알아서 성장한다. 실무자로서 성과를 올리는 동시에 팀원도 가르쳐야 하는 막중한 임무를 부여받은 관리자에게는 실로 이상적인 구조가 아닐 수 없다.

이러한 구조를 만들고 싶은가? 그렇다면 오늘부터 당신의 행동을 수치로 기록해보자.

① 타이머로 1분을 설정한다.

② 팀원에게 오늘 할 일을 물어본다.

③ 1분이 지나면 대화 도중이라도 종료한다.

④ 팀원의 이름을 부른 횟수, 눈을 바라본 횟수를 기록한다.

⑤ 주 1회부터 시작해 주 5회(근무일)를 목표로 3개월간 지속해 나간다.

이제 첫발을 내딛으려는 당신에게

'주 2회 30분 걷기'

처음으로 마라톤에 도전했을 때 전문가가 내게 지시한 사항이다. 나는 그때부터 지금까지 100킬로미터 울트라 마라톤, 철인 3종 경기, 사하라 사막 마라톤, 남극 아이스 마라톤, 아마존 정글 마라톤 등 실로 무수한 도전을 반복해왔다. 혹독하기 그지없는 도전의 첫걸음은 '30분 걷기'였다.

'이왕 시작했으니 힘들어도 끝장을 보리라!'

이런 거창한 결의 따윈 없었다. 그저 '30분 걷기'라는 지극히 평범한 행동을 시작했을 뿐이다. 단순한 행동을 꾸준히 실천했더니 '나도 할 수 있다'는 성취감이 생겼고, '나는 이만큼 해낼 수 있는 사람이다'는 자기효능감으로 이어졌다. 그것이 동기부여가 되어 조금씩 다음 목표를 향해 행동을 반복한 결과, 아프리카 사막, 남극 빙하, 아마존 정글 탐험까지 하게 되었다.

첫걸음은 쉬워도 된다. 아니, 쉬워야 한다. 쉬운 것부터 시작해 습관으로 만들자. 그러면 생각지도 못한 멋진 세계가 당신 앞에 펼쳐질 것이다.

팀원이 성과를 내게 만드는 팀장이 되기 위한 첫걸음은 무엇일까. 매일 팀원에게 오늘 할 일을 묻는다. 그게 전부다. 결코 어렵지 않다. 이것이 습관이 되면 저절로 신뢰 관계가 형성되고, 팀원은 성과로 이어지는 행동을 반복한다. 그 과정에서 성취감과 자기효능감을 느낀 팀원은 스스로 행동하고 성과를 내며 성장해나간다. 성장해나가는 팀원의 존재는 당신에게 크나큰 동기부여가 되어 당신도 성장시킨다. 생각만 해도 멋지지 않은가.

할 수 있다. 당신이 작은 행동을 시작하기만 하면 된다. 하루가 일주일이 되고 일주일이 한 달이 되고 한 달이 석 달이 되면 모든 것은 성장을 향해 저절로 굴러가기 시작한다. 늘 시간에 쫓기는 당신이 여유를 가지고 멋지게 활약하는 팀장으로 거듭나기를 기원한다.

이시다 준